# 한국을 플레이하다

*Introduction to K-CULTURE*

김윤희, 이주미, 전형길 ■ 지음

에듀컨텐츠·휴피아
CH Educontents·Huepia

에듀컨텐츠·휴피아
Educontents·Huepia

# 목 차

## 한국을 플레이하다

*Introduction to K-CULTURE*

에듀컨텐츠·휴피아
Educontents·Huepia

# 한국을 플레이하다

Introduction to K-CULTURE

에듀컨텐츠·휴피아
CH Educontents·Huepia

# 제1과.
# K-Culture, 왜 이렇게 인기 많을까?

## ■ 학습 목표

- 한류의 개념과 역사적 배경을 구체적으로 이해하고 설명할 수 있다.
- 자신의 K-Culture 경험을 다양한 표현을 사용해 말하고 쓸 수 있다.
- 여러 국가의 대중문화와 K-Culture를 비교하고, 사회적 · 문화적 맥락에서 비판적으로 분석할 수 있다.

## ■ 핵심 어휘

| 어 휘 | 의 미 |
|---|---|
| 한류 | 한국 문화가 외국에서 인기를 얻는 현상 |
| 콘텐츠 | 내용, 특히 미디어 · 문화에서 전달되는 정보나 소재 |
| 확산 | 널리 퍼짐 |
| 진출 | 새로운 시장이나 분야로 들어가 활동하는 것 |
| 팬덤 | 특정한 가수, 배우, 콘텐츠를 좋아하는 사람들의 모임 |
| 플랫폼 | 콘텐츠를 올리고, 보고, 사고팔 수 있는 인터넷 서비스 공간 |
| 매력 | 사람을 끌어당기는 힘이나 좋은 느낌 |
| 영향 | 다른 사람이나 사회에 미치는 작용이나 효과 |
| 문화정체성 | 한 문화가 가진 고유한 특징과 자아의식 |
| 융합 | 둘 이상의 것이 하나로 어우러짐 |
| 상호작용 | 서로 영향을 주고받는 작용 |
| 공감 | 다른 사람의 감정이나 상황을 함께 느끼는 것 |
| 정서적 | 감정이나 마음과 관련된 것 |
| 체험 | 직접 경험함 |
| 주목을 받다 | 관심을 받음 |

*** 세계인이 말하는 K-Culture**

"저는 베트남에서 한국 드라마를 보며 한국어를 배우기 시작했어요. 특히 요즘 아이돌 댄스 챌린지도 정말 재미있어요. 한국 문화는 감정 표현이 자연스러워서 좋아요."

"저는 프랑스에서 케이뷰티 제품을 사용하면서 한국 뷰티 유튜버들을 자주 봐요. 한국 콘텐츠는 단지 제품을 소개하는 데 그치지 않고, 라이프스타일 전체를 보여줘서 흥미로워요."

**★ 함께 생각해 봅시다**

질문 1. 이 사람들은 각각 어떤 K-Culture 콘텐츠를 접했고, 그 안에서 어떤 감정 표현에 주목했나요?

질문 2. 〈우리들의 블루스〉와 〈폭싹 속았수다〉 같은 콘텐츠는 한국인의 감정 표현을 어떻게 보여주고 있나요?

**💡 참고 영상(QR코드)**

〈우리들의 블루스〉의 감정 장면을 찾아봅시다.

〈폭싹 속았수다〉의 유해진 씨 인터뷰 장면을 찾아봅시다.

질문 3. 한국 콘텐츠에서 감정을 표현하는 방식은 당신에게 어떤 인상을 주었나요?

질문 4. 여러분의 나라 콘텐츠에서는 감정을 표현하는 방식이 한국과 어떻게 다르다고 느끼나요?

**[읽기📖] 한류의 시작과 확산**

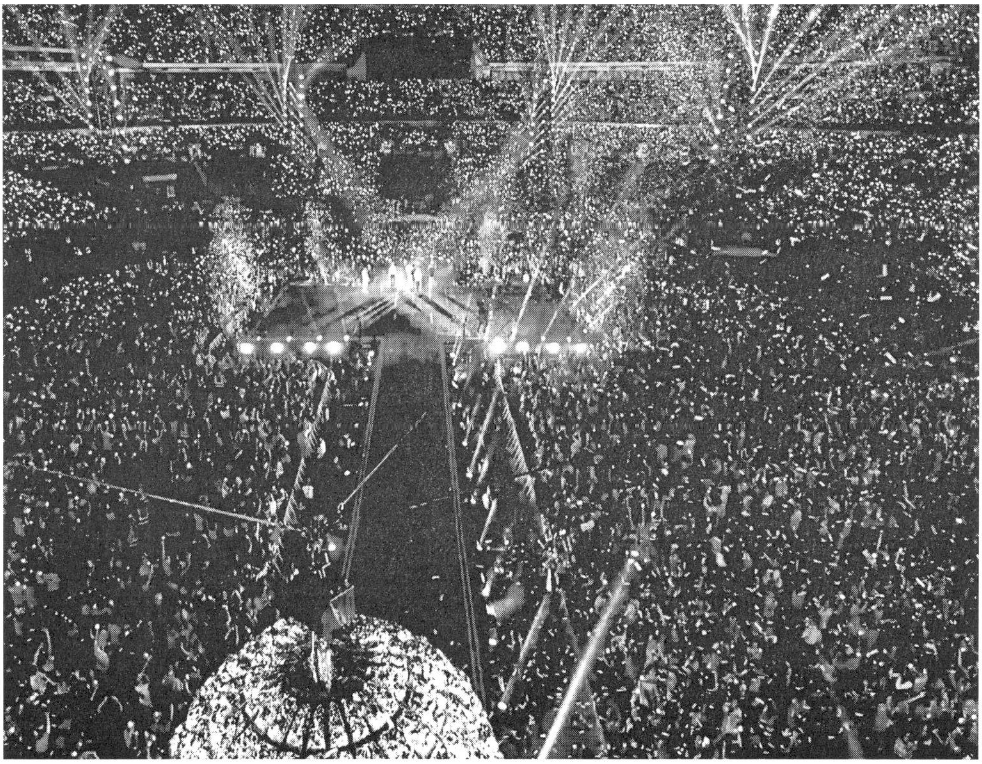

1990년대 후반, 한국 드라마 『겨울연가』와 『대장금』이 일본과 동남아시아 전역에서 폭발적인 인기를 끌며 '한류'라는 용어가 탄생했다. 이후 SM, YG, JYP 등 주요 기획사의 아이돌 그룹이 등장하면서 K-POP, 한국 영화, 화장품, 음식 등 다양한 문화 상품이 글로벌 무대로 빠르게 확산되기 시작했다. 특히 유튜브와 넷플릭스 같은 디지털 플랫폼은 시청자와 소비자가 한계를 넘어 언제 어디서나 한국 콘텐츠에 접근할 수 있게 함으로써, 한류 확산의 견인차 역할을 수행했다.

오늘날 한류는 단순한 문화 트렌드를 넘어 하나의 거대한 산업이자, 한국인의 문화정체성을 세계에 전달하는 중요한 매개체로 자리매김하였다. 최근에는 현지의 생활 방식과 결합한 '로컬 한류'가 등장하여, 베트남에서는 K-POP 테마 카페가, 프랑스에서는 한국식 웹툰이 현지 문화 속에 자연스럽게 융합되는 등 새로운 문화 교류의 양상을 보여준다.

또한 예능 프로그램 『폭싹 속았수다』는 한국의 자연 풍광과 지역 공동체, 언어 특유의 유머 감각을 색다른 시각으로 조명하며, 시청자에게 깊은 정서적 공감을 선사한다. 이처럼 한류 콘텐츠는 단순한 오락을 넘어 한국어와 문화를 '체험'하게 하는 학습 자료로서도 가치를 지닌다. 한국어 학습자는 이 지문을 통해 언어적 지식뿐 아니라, 한국인의 삶과 감성을 함께 느껴 볼 수 있을 것이다.

### ■ 문법 표현

1. -며 (동시 상황 · 나열)
   - 예1: 『겨울연가』와 『대장금』이 인기를 끌며 '한류'라는 용어가 탄생했다.

2. -라는 (명사 수식)
   - 예1: '한류'라는 용어가 탄생했다.

3. -기 시작하다 (어떤 일의 시작)
   - 예 1: 다양한 문화 상품이 글로벌 무대로 확산되기 시작했다.

4. -함으로써 (수단 · 원인)
   - 예 1: 언제 어디서나 한국 콘텐츠에 접근할 수 있게 함으로써 한류 확산의 견인차 역할을 수행했다.

5. -이자 (동시 자격 · 상태)
   - 예 1: 하나의 거대한 산업이자 문화정체성을 전달하는 매개체로 자리매김하였다.

6. -게 하다 (목적 · 효과)
   - 예 1: 한류 콘텐츠는 학습자로 하여금 문화를 '체험'하게 하는 학습 자료로 가치를 지닌다.

7. -을 수 있다 (가능 · 능력)
   - 예 1: 한국어 학습자는 언어적 지식뿐 아니라 감성을 함께 느껴 볼 수 있을 것이다.

### [이해 확인]

1) 『겨울연가』와 『대장금』은 한류 확산에 어떤 역할을 했나요?
2) 유튜브와 넷플릭스 같은 디지털 플랫폼이 한류를 세계에 알리는 데 기여한 방식은 무엇인가요?
3) 지문에 소개된 '로컬 한류'의 사례를 하나 들어 설명해 보세요.

▶ **활동 A. 나의 K-Culture 경험 이야기하기**

짝과 다음 질문을 중심으로 대화해 보세요.

**? 질문:** 내가 처음 접한 K-Culture 콘텐츠는 어떤 점이 인상 깊었나요?

**예시 답변:** "저는 처음에 〈런닝맨〉이라는 예능 프로그램을 통해 한국 문화를 접했습니다. 출연자들이 서로 장난치고 감정을 솔직하게 표현하는 모습이 재미있고 신선했어요. 특히 '레전드다', '미쳤다 진짜~', '쫄깃하다' 같은 표현이 자주 나와서 자연스럽게 따라 하게 되었고, 실제로 친구들과 이야기할 때도 쓰게 되었어요. 제 친구들도 한국어를 배우고 있어서 이 프로그램을 소개해 주고 싶어요. 저도 일상에서 감탄사나 유머 표현을 자주 쓰게 되었고, 감정을 표현하는 방식도 자연스러워졌어요."

**실용 표현 예시:**

| 표 현 | 의 미 | 사용 예시 |
|---|---|---|
| "미쳤다 진짜~" | 감탄 또는 놀라움 표현 | "이거 진짜 미쳤다~ 너무 맛있어!" |
| "레전드다" | 최고의 상황이나 장면 | "이번 미션은 진짜 레전드야." |
| "말도 안 돼!" | 믿기 어려운 상황 | "말도 안 돼! 이걸 성공했다고?" |
| "쫄깃하다" | 긴장감 넘침, 흥미로움 | "쫄깃쫄깃한 미션이었어!" |
| "아 진짜 왜 그래~" | 장난스러운 불만 | "아 진짜 왜 그래~ 또 나야?" |

▶ **활동 B. 3분 발표**

준비주제: "내가 좋아하는 K-Culture 콘텐츠는?"

발표 구조: ① 소개 ② 경험 설명 ③ 문화적 의미 ④ 추천 이유 ⑤ 마무리

**[피드백 체크리스트]**

| 항 목 | 평가 기준 | 체 크 |
|---|---|---|
| 발표 내용 | 주제와 관련된 내용을 구체적으로 설명했는가? | □ |
| 표현력 | 어휘, 문장 구조, 억양이 자연스러운가? | □ |
| 구성 | 발표 흐름이 논리적이고 구조화되어 있는가? | □ |
| 문화적 관점 | K-Culture를 자국 문화와 비교하거나 해석했는가? | □ |
| 태도와 전달 | 자신감 있게 말하고, 청중과 소통했는가? | □ |

**[쓰기 활동]**

**주제: 나의 한류 이야기 쓰기**

- 처음 접한 한국 콘텐츠는 무엇이었나요?
- 한국 콘텐츠의 어떤 점이 가장 인상 깊었나요?
- 여러분 나라의 사람들은 한국 콘텐츠에 대한 반응이 어떤가요?
- 한국 문화는 여러분에게 어떠한 영향을 주고 있나요?
- 여러분 나라의 문화와 비교할 때 한국 문화는 어떤 공통점과 차이점을 가지고 있나요?

※ 글쓰기 틀 제공: 도입 - 경험 - 분석 - 비교 - 마무리

**[문화 비교 및 정리]**

*** 폭싹 속았수다 속 한국 문화 공간 따라가기**

드라마 〈폭싹 속았수다〉는 감동적인 이야기와 더불어 한국의 아름다운 지역 문화를 배경으로 한 촬영지들로도 주목받고 있습니다.

| 장 소 | 지 역 | 특 징 |
|---|---|---|
| 청심국제해양청소년수련원 | 전남 여수 | 1화 요양원 장면. 푸른 바다와 어르신들의 삶이 어우러진 배경. |
| 김녕해수욕장 | 제주 제주시 | 어린 애순이 앉아 있던 해변 장면. 해녀 문화의 배경. |
| 계산대성당 | 대구 중구 | 애순 딸의 결혼식 장면. 고딕 양식의 아름다운 붉은 벽돌 성당. |
| 매축지마을 | 부산 동구 좌천동 | 애순과 관식이 갈등을 겪는 골목 장면. 감정 표현의 극적 공간. |
| 운문사 | 경북 청도 | 애순과 무당 할머니, 시어머니가 함께 절에 간 장면. 전통 불교 공간. |

**활동 제안:**

- 위 장소 중 하나를 골라 '문화 체험 소개 브로셔'를 만들어 발표해 보세요.
- 여러분 나라의 감정 표현이 드러나는 공간과 비교해 이야기해 봅시다.

**[프로젝트 활동]**

**활동명: K-Culture 탐험대 브로셔 만들기**

- 모둠별로 한류 주제(K-POP, 음식, 영화 등)를 선정합니다.
- A3 종이에 탐험대용 브로셔 제작
- 주제별 사진, 설명, 키워드, 문화적 의미 포함
- 다음 주 발표 및 전시 예정

**▶ 참고 요소: '우리 모둠이 생각하는 K-Culture의 가치', '비교문화 요소', '세계적 영향력'**

### 토의 주제

1) 여러분 나라의 문화와 한국의 문화, 비슷한 점과 다른 점은 무엇입니까?
2) 한류가 앞으로 어떤 방향으로 발전할 수 있을 것 같습니까?
3) 한류가 특정 지역에서 왜 더 잘 받아들여지는지 이유를 분석해 보세요.

### 더 생각해 보기

- '한류'라는 단어는 언제 생겼나요?
- 한국 문화가 세계로 퍼지는 데 영향을 준 플랫폼은 무엇인가요?
- 우리 반 친구들에게 가장 인기 있는 K-Culture는 무엇이었나요?
- 한류 콘텐츠의 글로벌 수용 배경에는 어떤 요인이 있었나요?

# 제2과.
# K-POP은 음악 그 이상일까?

■ 학습 목표

- K-POP의 특징과 글로벌 확산 배경을 이해하고 설명할 수 있다.
- K-POP 콘텐츠를 바탕으로 자신의 감정과 의견을 표현할 수 있다.
- K-POP을 사회·문화적으로 분석하고, 자국의 음악 문화와 비교할 수 있다.

■ 핵심 어휘

| 어 휘 | 의 미 |
|---|---|
| 아이돌 | 노래, 춤, 연기를 하며 대중의 인기를 얻는 젊은 연예인 |
| 안무 | 노래나 공연에서 춤 동작을 짜는 것 |
| 데뷔 | 처음으로 공식 무대에 나서는 것 |
| 소속사 | 연예인을 관리하고 활동을 지원하는 회사 |
| 글로벌 | 전 세계적인 |
| 팬덤 | 특정 가수나 배우를 좋아하는 팬들의 모임 |
| 소통 | 서로의 생각이나 감정을 주고받는 것 |
| 참여 | 어떤 일이나 활동에 직접 들어가 함께하는 것 |
| 콘텐츠 산업 | 영화, 드라마, 음악 등 콘텐츠를 만들고 유통하는 산업 |
| 정체성 | 개인이나 집단이 스스로를 인식하는 고유한 특징 |

*** 세계인이 말하는 K-POP**

"저는 몽골에서 BTS의 춤을 따라 하면서 한국어를 배웠어요. 무대 위에서 멤버들의 표정과 안무가 정말 인상 깊었어요."

"우즈베키스탄에서는 스트레이 키즈의 뮤직비디오가 매우 인기가 많아요. 한국 아이돌은 단지 노래를 부르는 것 이상으로, 이야기와 감정을 퍼포먼스로 보여주죠."

**★ 함께 생각해 봅시다**

질문 1. 이 사람들은 어떤 K-POP 콘텐츠를 통해 감정을 느꼈나요?
질문 2. K-POP은 단지 음악이 아닌 어떤 요소들을 포함하나요?
질문 3. 여러분은 K-POP의 어떤 점에 가장 큰 매력을 느꼈나요?
질문 4. 여러분의 나라 대중음악과 비교했을 때 K-POP은 어떤 점이 다르다고 느끼나요?

**참고 영상:**
BTS 'MIC Drop' 무대
스트레이 키즈 'S-Class' MV

## [읽기📖] K-POP, 어떻게 세계를 사로잡았을까?

2000년대 초반, 동방신기, 보아, 빅뱅과 같은 아티스트들이 일본과 중국을 넘어 미국과 유럽 시장에 진출하면서 K-POP은 본격적으로 글로벌 콘텐츠로 성장하기 시작했다. 이들은 단순히 음악을 전하는 것에 그치지 않고, 무대 연출과 안무, 스타일링, 팬과의 소통을 통해 새로운 방식으로 팬들과 관계를 만들어 갔다.

특히 SNS와 유튜브의 발달은 K-POP 확산에 결정적인 역할을 했다. 팬들은 트위터 해시태그, 유튜브 리액션 영상, 팬 메이드 콘텐츠를 통해 단순한 '소비자'가 아니라 직접 콘텐츠를 만들어내는 '생산자'로 활동하게 되었다. 이러한 변화는 콘텐츠를 수용하는 방식 자체를 바꾸었고, 그 결과 팬덤 중심의 문화가 형성되었다.

또한 글로벌 음악 플랫폼의 데이터는 K-POP이 특정 지역에 머무르지 않고 점차 다양한 나라와 세대에 걸쳐 확산되었음을 보여준다. 이는 K-POP이 일시적인 유행을 넘어 지속 가능한 문화 현상으로 자리 잡았음을 의미한다.

오늘날 K-POP은 단순한 음악 장르를 넘어 패션, 화장품, 관광, 한국어 학습 등 다양한 산업과 결합하여 문화 산업 전체의 성장 동력이 되고 있다. 이러한 과정을 통해 한국의 문화정체성은 세계인의 일상 속에 자연스럽게 스며들었으며, K-POP은 한류의 중심축이자 한국을 대표하는 중요한 문화적 매개체로 평가받고 있다.

### ■ 문법 표현

1. -기 시작하다 (어떤 일이 시작됨)
   - 예1: K-POP이 세계로 퍼지기 시작했다.

2. N을/를 중심으로 (중심 개념을 나타냄)
   - 예1: 팬덤을 중심으로 문화가 형성되었다.

3. -(으)면서도 (동시에 다른 행동이나 상태)
   - 예1: 소통하면서도 예술성을 유지한다.

4. -게 하다 (하게 만들다)
   - 예1: 팬들의 참여가 무대를 더욱 돋보이게 했다.

5. -다는 점에서 (강조 · 비교의 기준)
   - 예1: 이 노래는 감정을 전달한다는 점에서 특별하다.

**[이해 확인]**

1) K-POP이 '소비자 중심'에서 '팬덤 중심'으로 변화하게 된 이유는 무엇인가요?

2) K-POP은 단순한 음악 장르를 넘어 어떤 산업들과 결합하고 있나요?

3) SNS와 유튜브 같은 디지털 플랫폼이 K-POP 확산에 어떤 역할을 했나요?

**▶ 활동 A. K-Culture 홍보 포스터 만들기**

소그룹으로 K-Culture의 인기 요인을 정리하고, 외국인 친구들에게 보여줄 포스터 제작

발표 때 포스터 속 핵심 키워드와 그림 설명

**실용 표현 예시:**

| 표 현 | 의 미 | 사용 예시 |
|---|---|---|
| "소름 돋았어요!" | 감동 · 감탄 표현 | "공연 보면서 소름 돋았어요." |
| "진짜 찢었다." | 최고의 퍼포먼스를 표현 | "오늘 무대는 진짜 찢었다." |
| "칼군무가 대박이에요." | 완벽한 단체 안무 | "이 팀은 칼군무가 정말 멋져요." |
| "입덕했어요." | 팬이 되다 | "이 영상을 보고 입덕했어요." |

**▶ 활동 B. 인터뷰하기**

짝과 함께 서로가 아는 K-Culture 경험(드라마, 음식, 패션 등)을 질문하고 기록

짧은 인터뷰 영상 또는 대본 제출

**[쓰기 활동]**

**주제: 나의 K-POP 감상문 쓰기**

- 좋아하는 가수나 배우가 있나요?
- 그들의 어떤 점이 인상 깊었나요?
- 여러분 나라의 문화와 한국의 음악, 한국의 드라마 등은 어떤 문화적 차이가 있나요?

※ 글쓰기 틀: 도입 - 감상 - 분석 - 비교 - 마무리

**[문화 비교 및 정리]**

*** 비교 활동: "뮤직비디오 속 한국 문화 공간 알아보기"**

| 뮤직비디오 | 장 소 | 특 징 |
|---|---|---|
| BTS '봄날' | 강원도 정선 폐역 | 이별과 그리움을 상징하는 정적 공간 |
| EXO 'Ko Ko Bop' | 세트장+해변 | 환상적이고 실험적인 청춘 이미지 |
| 뉴진스 'ETA' | 제주도 | 일상 속 청춘의 자연스러운 감정 표현 |

**활동 제안:**

- 위 장소 중 하나를 선택해 K-POP과 연결된 감정·공간 이야기 브로셔 제작
- 여러분 나라의 뮤직비디오에서 감정을 표현하는 방식을 찾아보고 한국의 뮤직비디오의 방식과 비교해서 발표

**[프로젝트 활동]**

**활동명: "K-POP 페스티벌 기획안 만들기"**

- 모둠별로 가상의 K-POP 축제를 기획
- 장소, 콘셉트, 참여 가수, 공연 구성, 문화 프로그램 제안
- 포스터와 발표 준비(다음 주 전시)

**토의 주제**

1) K-POP이 왜 전 세계 사람들에게 감동을 줄 수 있을까?
2) 여러분 나라 음악과 비교했을 때, K-POP은 어떤 차별성이 있나요?
3) 음악 외에 K-POP과 연계된 산업은 어떤 것이 있을까요?

**더 생각해 보기**

- K-POP이 본격적으로 글로벌화된 시기는 언제인가요?
- 팬덤 문화가 만들어낸 콘텐츠의 예는 무엇이 있나요?
- 우리가 이야기한 대표적인 K-POP 그룹은 누구인가요?
- K-POP이 단지 음악이 아니라 산업으로 발전한 이유는 무엇인가요?

에듀컨텐츠·휴피아
Educontents Huepia

# 제3과.
# 한국 드라마는 어떤 사회를 보여줄까?

■ **학습 목표**

- 한국 드라마의 특징과 인기 요인을 이해하고 설명할 수 있다.
- 드라마 속 등장인물과 사회 문제를 분석하고 자신의 의견을 표현할 수 있다.
- 자국의 드라마와 한국 드라마를 비교하고 문화적 의미를 찾을 수 있다.

■ **핵심 어휘**

| 어 휘 | 의 미 |
|---|---|
| 출연진 | 영화나 드라마, 공연 등에 등장하는 배우들 |
| 연출 | 영화나 드라마, 공연을 기획하고 이끌어 가는 것 |
| 설정 | 이야기의 배경이나 상황을 정하는 것 |
| 갈등 | 서로 맞지 않아 충돌하는 관계나 상황 |
| 계층 | 사회를 이루는 집단의 층위, 신분이나 경제적 지위에 따른 구분 |
| 감정선 | 이야기 속에서 감정이 이어지는 흐름 |
| 서사 | 사건이나 이야기를 전개해 나가는 방식 |
| 현실 반영 | 사회나 사람들의 실제 모습을 작품 속에 담아내는 것 |

*** 세계인이 말하는 한국 드라마**

"우리는 몽골에서도 〈이상한 변호사 우영우〉를 정말 감명 깊게 봤어요. 장애를 가진 주인공이 차별을 극복하고 성장하는 이야기에 눈물이 났어요."

"베트남에서는 〈우리들의 블루스〉처럼 가족과 이웃 간의 감정을 깊이 있게 다룬 드라마가 인기가 많아요."

**★ 함께 생각해 봅시다**

질문 1. 이 사람들이 본 드라마는 어떤 사회적 배경을 보여주나요?
질문 2. 한국 드라마는 감정을 어떻게 표현하나요?
질문 3. 여러분은 어떤 드라마 장르를 좋아하나요?
질문 4. 여러분 나라 드라마와 비교했을 때 한국 드라마는 어떤 점이 인상 깊었나요?

**✿ 참고 영상**

〈이상한 변호사 우영우〉 감동 장면
〈우리들의 블루스〉 가족 장면

### [읽기📖] 드라마 속 한국 사회

2000년대 이후, 한국 드라마는 단순한 로맨스를 넘어서 사회 문제를 조명하게 되었다. 가족, 교육, 직장, 젠더, 계층, 장애 등 현실적인 주제를 드라마를 통해 다루면서, 시청자들에게 공감과 성찰의 기회를 제공하고 있다.

예를 들어, 드라마 〈SKY 캐슬〉은 한국의 치열한 입시 경쟁과 사교육 현실에 대한 풍자적인 이야기를 담고 있다. 부모들이 자녀 교육에 집착하는 모습을 보여주며, 실제 상황에 가까운 편이다. 〈오징어 게임〉은 생존 경쟁이라는 자극적인 요소를 보여주면서도, 극심한 경제적 불평등을 비판하는 메시지를 전한다. 〈이상한 변호사 우영우〉는 발달장애를 가진 주인공을 통해 차별과 편견을 극복해 나가는 과정을 섬세하게 보여주며, 소수자에 대한 이해를 넓히게 되었다. 〈우리들의 블루스〉는 세대 간 갈등과 화해, 이웃 간의 정을 진솔하게 그려내며, 공동체 의식의 중요성을 다시 생각하게 만든다. 최근 방영된 〈중증외상센터〉 역시 의료 현장의 문제를 통해, 공공의료의 필요성을 강조한다.

이처럼 한국 드라마는 오락을 넘어서 사회를 비추는 거울이자, 한국 문화를 세계에 알리는 중요한 문화콘텐츠가 되었다.

### ■ 문법 표현

1. -을/를 통해 (~을 수단으로)
   - 예1: 드라마를 통해 한국 사회를 이해하게 되었다.

2. -(으)ㄴ/는 편이다 (상대적인 경향)
   - 예1: 한국 드라마는 감정을 잘 표현하는 편이다.

3. -에 대한 (~에 관해)
   예1: 계층 문제에 대한 이야기가 많이 나온다.

4. -(으)면서도 (~하지만)
   - 예1: 슬프면서도 따뜻한 이야기를 담고 있다.

5. -게 되다 (변화된 상태)
   - 예1: 현실을 반영하게 되었다.

### [이해 확인]

1) 〈이상한 변호사 우영우〉가 시청자들에게 감동을 준 이유는 무엇인가요?
2) 〈우리들의 블루스〉는 어떤 배경을 통해 가족과 공동체의 관계를 어떻게 그려냈나요?
3) 〈중증외상센터〉가 보여주는 의료 현장의 문제와 사회적 메시지는 무엇인가요?

▶ **활동 A. 내가 본 한국 드라마 소개하기**

**예시:**

"저는 〈눈이 부시게〉를 보면서 가족과 시간에 대해 생각하게 되었어요. 드라마를 통해 노인 문제와 삶의 의미에 대해 더 깊이 공감하게 되었어요."

| 표 현 | 의 미 | 사용 예시 |
|---|---|---|
| "찡했어요." | 감정적으로 울림이 있음 | 마지막 장면이 찡했어요. |
| "몰입했어요." | 집중해서 봄 | 이야기에 완전히 몰입했어요. |
| "공감했어요." | 감정을 이해하고 함께 느낌 | 주인공 감정에 공감했어요. |

▶ **활동 B. 3분 발표**

준비주제: "내가 본 인상 깊은 한국 드라마"

① 드라마 제목 소개 → ② 주제 설명 → ③ 감정 표현 방식 → ④ 사회적 의미 → ⑤ 마무리

**[쓰기 활동]**

**주제: 내가 본 한국 드라마 이야기**

- 어떤 드라마를 보았나요?
- 인상 깊은 장면은 무엇이었나요?
- 사회적 메시지는 무엇이었나요?
- 자국 드라마와 비교했을 때 어떤 부분이 유사하고 달랐나요?

**[문화 비교 및 정리]**

| 드라마 | 장 소 | 의 미 |
|---|---|---|
| 〈우리들의 블루스〉 | 제주도 | 지역 공동체의 삶과 감정 |
| 〈눈이 부시게〉 | 서울 골목길 | 세대 간 이해와 공감 |
| 〈오징어 게임〉 | 가상의 경기장 | 자본주의 사회의 극단 |

### 더 생각해 보기

- 한국 드라마 속 사회 문제와 메시지는 여러분 나라 드라마와 어떻게 다른가요?
- 드라마가 단순한 오락을 넘어 사회 변화를 이끌 수 있다고 생각하나요? 그 이유는 무엇인가요?
- 한류 드라마가 세계적으로 인기를 끄는 현상은 여러분 나라 문화에 어떤 영향을 주고 있나요?
- 드라마 속에서 자주 등장하는 갈등(가족 갈등, 계층 갈등, 세대 갈등 등)은 실제 여러분이 사는 사회에도 존재하나요?
- 앞으로 한국 드라마가 다루었으면 하는 주제는 무엇인가요?

에듀컨텐츠·휴피아
ECH Educontents Huepia

# 제4과.

## 한국 영화에는 어떤 가족과 공동체가 나올까?

■ **학습 목표**

- 한국 영화 속 가족 · 공동체의 특징을 이해하고 문화적 의미를 설명할 수 있다.
- 영화 장면을 바탕으로 사회적 이슈를 분석할 수 있다.
- 자국 영화의 가족 표현 방식과 비교해볼 수 있다.

■ **핵심 어휘**

| 어 휘 | 의 미 |
| --- | --- |
| 가족 | 부모와 자녀, 형제자매 등 함께 생활하는 사람들 |
| 혈연 | 피로 맺어진 가족 관계 |
| 공동체 | 함께 모여 사는 사람들 사이의 관계망 |
| 세대 | 같은 시대에 태어나 비슷한 생활 경험을 공유하는 사람들 |
| 계층 | 사회적 신분이나 지위의 단계 |
| 생존 | 살아남아 유지함 |
| 희생 | 자신의 이익을 돌보지 않고 다른 사람이나 목적을 위해 바침 |
| 책임 | 해야 할 일을 다할 의무 |
| 갈등 | 서로 다른 입장이나 이해관계로 빚어지는 대립 |
| 화해 | 갈등이나 대립 상황이 끝나고 대립했던 사람들이 서로 이해하고 관계를 회복하는 것 |
| 연대 | 공통의 목적을 위해 함께함 |
| 현실성 | 실제와 잘 맞는 성질, 현실에 가까운 특징 |
| 전략 | 목표를 이루기 위한 계획이나 방법 |

*** 세계인이 말하는 한국 영화**

"〈기생충〉을 보고 빈부 격차와 가족 간의 갈등을 더 깊이 이해하게 되었어요."

"〈국제시장〉은 아버지 세대의 희생을 그리면서 공동체 정신을 다시 생각하게 만들었어요."

"〈미나리〉는 낯선 땅에서 살아가는 이민자 가족의 고단함과 희망을 보여주어, 우리 가족의 이야기를 보는 듯했어요."

"〈브로커〉는 혈연이 아닌 사람들이 함께 가족을 이루는 과정을 보여주며, 가족의 의미를 새롭게 생각하게 했어요."

**참고 영상**

〈기생충〉 가족 대화 장면

〈국제시장〉 희생 장면

**[읽기📖] 영화 속 한국 가족의 이야기**

한국 영화는 부모와 자녀, 형제자매로 이루어진 전통적인 혈연 가족뿐만 아니라, 다양한 형태의 가족과 공동체도 폭넓게 다루고 있다. 이러한 영화들은 단순한 가족 이야기에서 그치지 않고, 사회 구조와 세대 간 갈등, 공동체의 의

미 등 현실 속 문제들을 함께 보여주며 깊은 울림을 준다.

예를 들어, 〈기생충〉은 한 가족이 생존을 위해 선택한 전략을 다루며, 빈부 격차와 계층 간의 벽을 날카롭게 드러낸다. 반지하에 사는 가족이 부잣집에 들어가게 되면서 벌어지는 사건들은 블랙코미디처럼 보이는 듯하지만, 결국은 우리 사회의 불편한 현실을 직면하게 만든다. 관객은 그들의 생존을 응원하면서도, 동시에 무력한 구조적 불평등을 실감하게 된다.

〈국제시장〉은 한국 현대사를 배경으로, 가족을 위해 자신의 삶을 희생한 아버지 세대의 모습을 감동적으로 보여준다. 이 영화는 전쟁과 산업화 속에서 개인의 선택이 가족과 국가, 공동체와 어떻게 연결되는지를 보여주며, 관객에게 가족의 책임과 의미를 다시 생각하게 만든다.

최근에는 혈연 중심의 가족관을 넘어서, 다양한 가족의 형태를 보여주는 작품들도 늘어나고 있다. 〈미나리〉는 미국으로 이주한 한국인 가족의 현실을 통해 이민자 가족이 겪는 어려움과 연대를 보여주었고, 〈브로커〉는 혈연으로 연결되지 않은 사람들이 모여 대안 가족을 만들어 가는 과정을 섬세하게 그려냈다. 〈마당을 나온 암탉〉도, 입양과 선택된 가족의 의미를 동물 캐릭터들을 통해 따뜻하게 전달한다.

이처럼 한국 영화는 가족의 의미를 다시 묻고, 변화하는 사회 속에서 가족이 어떻게 재구성되는지를 보여준다. 다양한 형태의 가족은 영화 속 갈등과 화해, 세대 간 차이와 연대를 자연스럽게 담아내며, 관객으로 하여금 진정한 가족의 본질이 무엇인지 질문하게 만든다. 가족의 이야기를 통해 우리는 사회를 다시 바라보게 되고, 영화는 그 과정에서 거울처럼 현실을 비추는 역할을 하게 되는 듯하다.

**[이해 확인]**

1) 〈기생충〉은 어떤 사회 문제를 통해 가족의 생존을 보여 주었나요?
2) 〈국제시장〉은 부모 세대의 어떤 모습과 가치를 강조했나요?
3) 〈미나리〉와 〈브로커〉 같은 영화는 전통적인 혈연 가족과 어떻게 다른 가족 형태를 보여주나요?

## ■ 문법 표현

1. -뿐만 아니라 (A뿐만 아니라 B도)
   - 예1: 혈연 중심의 가족뿐 아니라 다양한 공동체가 등장한다.

2. -을/를 다루다 (주제를 다룸)
   - 예1: 〈기생충〉은 계층 문제와 가족의 생존 전략을 다룬다.

3. -을/를 배경으로 (배경 제시)
   - 예1: 〈국제시장〉은 전쟁 · 산업화 시대를 배경으로 이야기를 펼친다.

4. -으며 (동시 상황 · 나열)
   - 예1: 갈등과 화해를 섬세하게 묘사하며 관객의 감정을 자극한다.

5. -도 (추가 나열)
   - 예1: 공동체와 연대에 대한 질문도 던진다.

6. -듯하다 (추측 · 유사)
   - 예1: 이러한 영화들은 현실을 비추는 거울인 듯하다.

▶ **활동 A. 인상 깊은 영화 장면 말하기**

**예시:**

"〈미나리〉에서 할머니가 손자를 위해 일하는 장면이 정말 인상 깊었어요. 가족 간의 정과 이해가 느껴졌어요."

| 표 현 | 의 미 | 사용 예시 |
|---|---|---|
| "눈물이 났어요." | 감정이 북받쳐 눈물이 흐름 | 할아버지가 쓰러지는 장면에서 눈물이 났어요. |
| "마음이 따뜻해졌어요." | 누군가의 배려나 따뜻한 행동을 보고 마음이 포근해지다 | 마지막 장면에서 마음이 따뜻해졌어요. |

▶ **활동 B. 발표**

주제: "가족 또는 공동체를 다룬 한국 영화"

① 영화 소개 → ② 인물 간 관계 설명 → ③ 사회적 메시지 → ④ 추천 이유

**[쓰기 활동]**

**주제: 내가 본 영화 속 가족 이야기**

- 가족 또는 공동체가 어떻게 그려졌나요?
- 어떤 장면에서 가장 감동을 느꼈나요?
- 여러분 나라의 영화와 비교했을 때 차이는 어떠한가요?

**[문화 비교 및 정리]**

| 영 화 | 가족·공동체 표현 | 의 미 |
|---|---|---|
| 〈기생충〉 | 생존 중심 가족 | 계층의 벽과 긴장 |
| 〈국제시장〉 | 전통적 아버지상 | 희생과 책임 |
| 〈미나리〉 | 다문화 가정 | 세대 간 소통 |

**✿ 더 생각해 보기**

- 가족과 함께 본 영화가 있나요? 어떤 영화였나요?
- 여러분 나라 영화에는 가족이 자주 나오나요? 보통 어떤 모습으로 나오나요?
- 영화 속 가족과 여러분의 가족 모습은 비슷한가요, 다른가요?
- 가족이나 친구와 함께 본 영화 중에서 마음이 따뜻해졌던 경험이 있나요?
- 혈연 가족이 아니더라도, 여러분이 '가족 같다'고 느끼는 사람이 있나요?

# 제5과.

# 한국 음식은 어떻게 문화를 보여줄까?

## ■ 학습 목표

- 한국 음식의 문화적 상징성과 의미를 이해한다.
- 음식과 관련된 경험을 공유하고 감정 표현을 연습한다.
- 자국의 음식 문화와 비교하며 문화적 정체성을 탐색한다.

## ■ 핵심 어휘

| 어 휘 | 의 미 |
|---|---|
| 발효 | 음식을 미생물의 작용으로 숙성시키는 과정 |
| 정성 | 마음과 정을 다해 노력하는 태도 |
| 손맛 | 손으로 요리할 때 느껴지는 특별한 맛 |
| 공동체 | 함께 모여 사는 사람들 사이의 관계망 |
| 제철 | 자연적으로 알맞은 시기나 때 |
| 나물 | 봄 · 가을에 채취하여 무침으로 먹는 풀이나 잎 |
| 순환 | 자연이나 현상이 반복되어 되풀이됨 |
| 정서 | 감정이나 마음과 관련된 상태 |
| 문화정체성 | 한 문화가 가진 고유한 특징과 자아의식 |
| 매개체 | 두 대상 사이를 연결해 주는 수단 |
| 체험 | 직접 경험하며 느끼는 일 |
| 반찬 | 밥과 함께 먹는 여러 가지 음식 |

*** 세계인이 말하는 한국 음식**

"김치를 처음 먹었을 때는 너무 맵다고 생각했어요. 하지만 점점 익숙해지고 나서는 밥이랑 꼭 같이 먹게 됐어요."

"저는 한식을 먹을 때 따뜻한 느낌을 받아요. 반찬을 나누는 문화가 가족 같아요."

**🔈 참고 영상**

〈윤스테이〉 김치 담그기 장면

〈수미네 반찬〉 한식 상차림 소개 장면

### [읽기📖] 음식에 담긴 한국인의 마음

한국 음식은 단순히 배를 채우는 수단이 아니다. 한국인의 식탁에는 늘 사람과 사람을 잇는 마음이 담겨 있다. 김치 · 된장 · 고추장 같은 발효 음식은 오랜 시간과 정성이 필요한 '장(醬) 문화'의 상징이다. 발효의 과정은 눈에 보이지 않지만, 시간이 지날수록 맛이 깊어지듯 관계도 함께 무르익는다. 그래서 김치는 단순한 반찬이 아니라 세대를 이어 주는 매개체다.

특히 겨울철 김장은 한국 음식 문화를 잘 보여준다. 이웃과 가족이 함께 모여 배추를 절이고 양념을 버무리는 과정은 일종의 공동체 의식이다. 김장을 하는 날, 사람들은 일손을 돕고 음식을 나누며, 단순히 식재료를 저장하는 것을 넘어 관계와 기억을 저장한다.

한국 음식에는 '정성'과 '손맛'이라는 독특한 개념도 녹아 있다. 어머니가 차려 준 따뜻한 집밥, 명절마다 할머니가 빚어 주신 송편은 단순한 음식이 아니라 사랑과 정서의 언어다. 같은 재료로 만들어도 누가 어떻게 만들었느냐에 따라 맛이 달라지는 이유가 바로 손맛이다. 이 손맛은 음식을 넘어 사람의 마음까지 전해 준다.

또한 한국 음식은 자연과의 순환을 중시한다. 봄나물, 여름의 시원한 냉국, 가을의 곡식, 겨울의 저장 음식은 계절과 조화를 이루며 삶을 풍요롭게 한다. 제철 음식을 먹는 것은 단순한 건강의 비결이 아니라, 자연의 리듬 속에서 살아가는 한국인의 지혜를 보여준다.

오늘날 한식은 세계 여러 나라에서 사랑받으며, 단순한 전통을 넘어 문화정체성을 알리는 상징이 되고 있다. 김치를 맛본 외국인들이 처음에는 "너무 맵다"고 말하다가, 시간이 지나 "밥과 꼭 함께 먹게 된다"라고 이야기하는 것처럼, 한국 음식은 낯섦에서 친근함으로 바뀌며 새로운 문화적 경험을 선사한다.

결국 한국 음식은 맛을 넘어 기억, 정서, 관계, 자연의 순환까지 담아내는 문화적 거울이다. 한 그릇의 밥상 위에는 한국인의 삶의 방식과 세계관이 고스란히 녹아 있으며, 그것이 한국 음식이 가진 특별한 힘이다.

## ■ 문법 표현

1. -뿐 아니라 (A뿐만 아니라 B도)
   - 예1: 건강뿐 아니라 공동체적 나눔과 기억을 상징한다.

2. -이라는 (명사 수식)
   - 예1: '정성'과 '손맛'이라는 개념은 음식에 담긴 감정과 관계를 강조한다.

3. -이/가 되다 (상태 변화 · 결과)
   예1: 음식은 사람과 사람을 잇는 매개체가 된다.

4. -으며 (동시 상황 · 나열)
   - 예1: 봄나물 수확부터 가을 곡식 수확까지 계절에 따라 바뀌는 반찬은 … 체험하게 하며, 음식은 … 비춘다.

5. -을/를 통해 (수단 · 방법)
   - 예1: 어머니의 집밥에서 느껴지는 따뜻한 감촉과 레시피는 세대를 연결하는 언어가 된다.

6. -이/가 아니라 (A가 아니라 B)
   - 예1: 음식은 단지 배를 채우는 수단이 아니라, 사람과 사람을 잇는 매개체다.

**[이해 확인]**

1) 김장 문화가 공동체 의식과 연결되는 이유는 무엇인가요?
2) '정성'과 '손맛'이라는 개념은 한국 음식에서 어떤 가치를 보여주나요?
3) 제철 음식을 먹는 전통은 한국인의 어떤 세계관과 생활 방식을 반영하나요?

▶ **활동 A. 나의 한식 경험 말하기**

**💬 예시:**

"처음에는 된장찌개 냄새가 낯설었어요. 그런데 먹어보니 구수하고 건강한 맛이 느껴졌어요. 지금은 자주 먹어요."

| 표 현 | 의 미 | 사용 예시 |
| --- | --- | --- |
| "구수해요" | 깊고 부드러운 맛 | 된장국이 구수해요. |
| "깔끔해요" | 담백한 맛 | 이 반찬은 깔끔한 맛이에요. |
| "정성이 느껴져요" | 마음이 담긴 느낌 | 직접 만든 반찬에서 정성이 느껴졌어요. |

▶ **활동 B. 발표**

주제: "내가 가장 좋아하는 한국 음식"

① 음식 소개 → ② 맛과 느낌 → ③ 함께한 경험 → ④ 문화적 의미 → ⑤ 추천 이유

**[쓰기 활동]**

**✍ 주제: 내가 먹은 인상 깊은 한국 음식**

- 여러분이 먹은 한국 음식 중에 가장 인상 깊었던 음식은 무엇인가요?
- 그 음식은 언제, 누구와 함께 먹었나요?
- 그 음식은 어떤 재료들이 들어가나요?
- 여러분 나라의 음식과 비교했을 때 공통점과 차이점은 무엇인가요?

**[문화 비교 및 정리]**

| 음 식 | 특 징 | 문화적 의미 |
|---|---|---|
| 김치 | 발효, 매운맛 | 공동체 · 계절 저장 |
| 비빔밥 | 다양한 재료 혼합 | 조화와 통합 |
| 된장찌개 | 전통 발효식 | 건강과 정성 |

### ⌚ 더 생각해 보기

- 여러분 나라에도 김장처럼 함께 음식을 준비하는 전통이 있나요? 있다면 어떤 점이 한국과 비슷하거나 다른가요?
- 한국 음식에서 강조하는 정성과 손맛은 여러분 나라 음식 문화와 어떻게 비교할 수 있나요?
- 제철 음식을 먹는 전통은 여러분 나라에도 있나요? 어떤 음식이 떠오르나요?
- 여러분이 한국 음식을 처음 먹었을 때와 지금의 느낌 변화는 어떤가요?

에듀컨텐츠·휴피아
ECH Educontents Huepia

# 제6과.
# 한국의 뷰티와 패션은 왜 주목받을까?

## ■ 학습 목표

- 한국의 뷰티와 패션이 세계적으로 주목받는 배경을 이해하고 설명할 수 있다.
- 자신의 뷰티와 패션 경험을 다양한 표현을 사용해 말하고 쓸 수 있다.

## ■ 핵심 어휘

| 어 휘 | 의 미 |
|---|---|
| 스킨케어 | 피부를 깨끗하고 건강하게 관리하는 일 |
| 기초 화장품 | 스킨 · 로션 등 기본 단계에서 쓰는 제품 |
| 트렌디하다 | 요즘 유행을 잘 반영하다 |
| 실용적 | 실제 생활에서 편하고 도움이 되는 |
| 레이어드 | 옷을 겹쳐 입는 스타일 |
| 오버핏 | 몸보다 넉넉하게 입는 스타일의 상태 |
| 미니멀 | 단순하고 깔끔한 스타일 |
| 자기표현 | 자신의 생각 · 감정을 겉으로 드러내는 것 |
| 경향(~하는 편) | 그렇게 되는 일반적인 성향 |
| 루틴 | 정해진 순서로 반복하는 것 |

*** 세계인이 말하는 K-뷰티와 패션"**

"저는 필리핀에서 한국 유튜버의 스킨케어 영상을 보고 제품을 사기 시작했어요. 한국은 자연스럽고 건강한 피부를 중요하게 생각하는 것 같아서 매력적이에요."

"저는 스페인에서 한국 드라마 속 패션을 보고 관심을 가지게 되었어요. 배우들의 옷이 세련되고 트렌디해서 자주 따라 입게 돼요. 한국은 매 시즌 새로운 스타일을 잘 반영하는 것 같아요."

**★ 함께 생각해 봅시다**

질문 1. 이 사람들은 각각 어떤 K-뷰티 / 패션 콘텐츠를 접했고, 어떤 점에 주목했나요?

질문 2. 드라마 속 뷰티 · 패션은 한국의 어떤 문화적 특징을 보여주나요?

**참고자료**

〈이태원 클라쓰〉의 헤어스타일의 장면을 찾아보세요.

〈사내맞선〉 주인공들의 오피스룩와 데일리룩 / 주인공의 메이크업 스타일과 헤어 스타일을 찾아보세요.

질문 3. 한국 뷰티나 패션에서 인상 깊었던 표현이나 트렌드는 무엇이었나요?

질문 4. 여러분 나라의 뷰티 · 패션 문화는 한국과 어떤 점이 비슷하고 다른가요?

**[읽기📖] 한국의 뷰티와 패션, 왜 세계적인 주목을 받을까?**

최근 한국의 뷰티와 패션은 단순한 유행을 넘어서 전 세계에서 주목을 받고 있다. 사람들은 보통 한국 드라마와 아이돌 무대를 통해 한국의 스타일을 접하게 되고 유튜브 · 인스타그램 같은 SNS를 통해 쉽게 따라 하게 된다. 이처럼 온라인 플랫폼이 문화적 확산을 빠르게 만들기 때문에, 한국의 스타일은 짧은 시간에 다양한 나라로 퍼지고 있다.

K-뷰티의 핵심은 건강하고 자연스러운 피부 표현이다. 한국에서는 스킨 · 로션 · 에센스와 같은 기초 스킨케어 루틴을 중요하게 생각한다. 뷰티 크리에이터들이 단계와 사용법을 자세히 설명해 주기 때문에, 처음 배우는 사람도 따라 하기가 쉬운 편이다. 영상을 많이 볼수록 화장품의 성분과 사용 순서를 이해하게 되고, 연습할수록 자신에게 맞는 화장 방법을 찾게 된다.

K-패션은 트렌디하면서도 실용적이다. 같은 옷을 레이어드(겹쳐 입기) 하거나, 오버핏과 미니멀 스타일을 섞으면서도 일상에서 편하게 입을 수 있다. 드라마 속 오피스 룩, 아이돌의 무대 의상, 거리의 데일리 코디가 서로 영향을 주기 때문에, 한 시즌 안에서도 다양한 스타일이 함께 존재하는 경향이 있다.

한국에서 뷰티와 패션은 외모 꾸미기를 넘어 자기표현의 방법으로 여겨진다. 사람들은 상황과 장소에 맞게 스타일을 선택하도록 노력하며, 자신의 취향과 기분을 옷차림과 메이크업으로 드러낸다. 그래서 많은 외국인도 한국 스타일을 그대로 따라 하기보다, 자기 문화와 섞어 자신만의 방식으로 표현하도록 응용한다. 이러한 이유로 한국의 뷰티와 패션은 세계 여러 사람들에게 주목받고 있다.

## ■ 문법 표현

1. -기 때문에 (이유, 원인)
   - 예1: 한국 화장품은 품질이 좋기 때문에 외국에서도 인기가 많다.
   - 예2: 뷰티 유튜버의 설명이 자세하기 때문에 따라 하기가 쉽다.
   - 의미: 어떤 일의 이유나 원인을 설명할 때 사용

2. -(으)ㄴ/편이다 (경향, 일반적인 성향 표현)
   - 예1: 한국 사람들은 피부 관리를 잘하는 편이에요.
   - 예2: 저는 편안한 스타일을 좋아하는 편이에요.
   - 의미: 어느 정도 그러한 경향이 있을 때 사용

3. -(으)ㄹ수록 (정도 증가에 따라 변화)
   - 예1: 연습할수록 화장 기술이 좋아져요.
   - 예2: K-뷰티 영상을 볼수록 관심이 커졌어요.
   - 의미: 앞의 상황이 강해질수록 뒤의 변화가 생긴다는 의미

4. -기보다 (비교, 대조)
   - 예1: 많은 외국인도 한국 스타일을 그대로 따라 하기보다 자기 문화와 섞어 표현한다.
   - 예2: K-뷰티는 화려하기보다 건강하고 자연스러운 피부 표현을 중시한다.
   - 의미: 앞의 것보다는 뒤의 것을 더 선호하거나 강조할 때 사용

**[이해 확인]**

1) 한국의 뷰티 · 패션이 세계에 빠르게 퍼지는 데에 큰 역할을 한 것은 무엇입니까?
2) K-뷰티가 강조하는 피부 표현은 어떤 특징을 가집니까?
3) '트렌디하면서도 실용적'이라는 표현은 K-패션의 어떤 모습을 설명하고 있습니까?
4) 사람들이 연습할수록 자신의 방법을 찾게 되는 이유를 본문에서 찾아 짧게 쓰십시오.
5) 한국에서 뷰티 · 패션이 자기표현과 연결된다고 볼 수 있는 문장을 찾아 이야기해 보십시오.
6) 여러분 나라의 스타일과 한국 스타일을 하나만 비교해 쓰십시오.
   (예: 레이어드 유무, 오버핏 선호 등)

**▶ 활동 A. 나의 K-뷰티 · 패션 경험 이야기하기**

짝과 다음 질문을 중심으로 대화해 보세요.

**? 질문 1:** 처음 접한 K-뷰티 / 패션 콘텐츠는 무엇이었나요?
**? 질문 2:** 어떤 점이 인상 깊었나요?
**? 질문 3:** 그 경험이 나에게 어떤 변화를 주었나요?
**예시 답변:** "저는 처음에 한국 뷰티 유튜버 '포니'의 메이크업 영상을 보고 K-뷰티에 관심을 갖게 되었어요. 피부를 깨끗하고 자연스럽게 표현하는 방법이 인상 깊어서, 저도 따라 해 봤어요. 처음에는 어렵기도 했지만, 연습할수록 실력이 조금씩 나아졌고, 친구들도 "화장이 잘 어울린다"고 해 주었어요. 지금은 스킨케어부터 메이크업까지 대부분 한국 제품을 사용하고 있어요. 화장을 통해 자신을 표현할 수 있다는 점이 가장 흥미롭다고 생각해요."

**▶ 활동 B. 3분 발표**

준비주제: "내가 좋아하는 K-뷰티 · 패션 콘텐츠는 무엇인가?"
발표 구조: ① 소개 ② 경험 설명 ③ 문화적 의미 ④ 추천 이유 ⑤ 마무리

**[자가 체크리스트]**

| 항 목 | 평가 기준 | 체 크 |
|---|---|---|
| 발표 내용 | 주제와 관련된 내용을 구체적으로 설명했는가? | ☐ |
| 표현력 | 어휘, 문장 구조, 억양이 자연스러운가? | ☐ |
| 구성 | 소개 - 경험 - 문화적 의미 - 추천 이유 - 마무리의 구조로 발표하였는가? | ☐ |
| 문화적 관점 | 주제에 대한 나의 생각을 명확하게 설명했는가? | ☐ |
| 태도와 전달 | 자신감 있게 말하고, 청중과 소통했는가? | ☐ |

**[쓰기 활동]**

**✍ 주제: 나의 K-뷰티 · 패션 이야기 쓰기**

- 처음 접한 K뷰티 패션 콘텐츠는 무엇인가요?
- 어떤 점이 인상 깊었나요?
- K뷰티 패션에 대한 여러분 나라 사람들의 반응은 어떤가요?
- 여러분 나라의 문화와 비교할 때 공통점과 차이점은 무엇인가요?

※ 글쓰기 틀 제공: 도입 - 경험 - 분석 - 비교 - 마무리

**[문화 비교 및 정리]**

*** 지역별 한국 패션 공간 엿보기**

| 공 간 | 지역 | 특 징 |
|---|---|---|
| 명동 뷰티 거리 | 서울 | 한국 화장품 브랜드 매장이 밀집된 지역. 외국인 관광객들에게 가장 인기 있는 K-뷰티 쇼핑 명소. |
| 광복로 패션 거리 | 부산 | 젊은 감각의 패션 매장이 많고, 지역 디자이너 브랜드도 활발함. 뷰티 편집숍과 함께 거리 문화도 발달. |
| 동성로 K-패션 거리 | 대구 | '패션의 도시' 대구의 중심. 다양한 의류 매장과 메이크업 브랜드가 있고, 패션 페어도 자주 열림. |
| 충장로 스타일 거리 | 광주 | 뷰티숍과 트렌디한 옷가게가 많은 지역. 광주 청년 문화와 패션 감각이 어우러짐. |
| 제주 자연 뷰티 체험장 | 제주 | 제주산 재료(녹차, 감귤 등)를 활용한 뷰티 제품 생산지. 친환경 K-뷰티 체험이 가능한 공간 다수 존재. |

**활동 제안**

- 위 장소 중 하나를 골라 조사하고 K-패션 문화를 소개하는 브로셔를 제작하십시오.
- 여러분 나라의 뷰티 · 패션 거리와 비교해 발표하십시오.

**[프로젝트 활동]**

**활동명: K-뷰티 · 패션 홍보대사 되기!**

- 주제: K-뷰티 / 패션이 왜 세계인의 사랑을 받는가?
- 역할: K-Culture 홍보대사로서 영상, 포스터, 브로셔 중 하나 선택
- 콘텐츠 요소 포함: 키워드, 제품 / 스타일 예시, 문화적 의미
- 다음 주 전시 및 발표 진행

**✔ 더 생각해 보기**

- 여러분에게 가장 인기 있는 K-뷰티 / 패션 콘텐츠는 무엇인가요?
- 콘텐츠 확산에 영향을 준 플랫폼은 무엇인가요?
- 한국 뷰티 / 패션이 자기표현과 어떤 관련이 있나요?
- 유행을 따라가는 것과 자기표현의 균형은 어떻게 이루어지나요?

# 제7과.

## 한국의 전통문화는 현대와 어떻게 이어져 있을까?

## ■ 학습 목표

- 한국의 전통문화가 어떻게 현대적으로 변화하고 있는지 이해하고 설명할 수 있다.
- 전통과 현대가 만난 예시를 보고 자신의 생각을 표현할 수 있다.

## ■ 핵심 어휘

| 어 휘 | 의 미 |
|---|---|
| 전통문화 | 오랫동안 이어져 내려오는 생활 · 예술 · 관습 등의 문화 |
| 발전시키다 | 더 나은 상태로 변화시키다 |
| 스며들다 | 물이나 기운이 서서히 배어들다 |
| 생활한복 | 일상생활에서 입기 편하게 만든 한복 |
| 유지하다 | 어떤 상태를 계속 지키다 |
| 결합하다 | 둘 이상의 것을 합치다 |
| 재탄생시키다 | 새롭게 다시 만들다 |
| 변모하다 | 형태나 모습이 바뀌다 |

*** 세계인이 말하는 K-뷰티와 패션**

"저는 프랑스에서 BTS 무대를 보고 처음 한복에 관심을 갖게 되었어요. 그룹이 무대에서 입은 의상이 전통 한복이었는데, 색감과 디자인이 매우 인상 깊었어요. 전통적인 요소와 현대적인 스타일이 조화를 이루고 있어서, 전통이 결코 고리타분하지 않다는 사실을 깨달았어요."

"저는 미국에 살면서 한국 국악을 처음 접하게 되었어요. 한국 전통 악기의 소리가 처음엔 낯설었는데 나중에 국악과 전자음악이 결합된 퓨전 공연을 보고 정말 감동을 받았어요. '전통은 재미없다'는 생각이 깨졌고, 지금은 국악 관련 유튜브 콘텐츠도 자주 찾아봐요."

"저는 한국을 여행할 때 한옥 스타일 게스트 하우스에 숙박한 적이 있어요. 처음에는 불편할까 봐 걱정됐는데, 아주 조용하고 아늑했어요. 한옥 내부에는 현대적인 시설도 잘 갖추어져 있어서 편리했어요. 전통과 현대가 자연스럽게 융합되어 있다는 느낌이 들었어요."

"저는 3년 전에 독일에서 한과를 처음 먹어봤어요. 한국 친구가 선물해 줬는데 모양도 예쁘고 맛도 아주 좋았어요. 선물 받을 때 포장도 예뻐서 친구의 정성이 느껴졌어요. 전통 디저트를 현대적으로 포장해서 주는 선물 문화가 신기했어요."

**★ 함께 생각해 봅시다**

질문 1. 이 사람들은 각각 어떤 전통문화를 경험했고, 어떤 점에 주목했나요?

질문 2. 전통문화가 현대적으로 표현된 예는 어떤 것이 있었나요?

질문 3. 여러분 나라에도 전통과 현대가 잘 어우러진 문화가 있나요?

질문 4. 전통문화가 현대적으로 변화하는 것을 어떻게 생각하나요?

**◎ 참고자료**

방탄소년단(BTS)의 공연에서 이용한 한복 무대의상을 찾아보세요.

전통 한옥을 리모델링한 한옥 카페를 찾아보세요.

퓨전 국악 공연을 찾아보세요.(예: 미스터트롯)

**[읽기📖] 한국의 전통문화, 어떻게 현대와 공존하고 있을까?**

한국은 오랜 역사와 전통을 지닌 나라이다. 그러나 빠르게 변화하는 현대 사회 속에서도 전통문화를 지키고, 이를 현대적으로 발전시키려는 노력이 꾸준히 이어지고 있다. 이러한 노력 덕분에 전통은 사라지지 않고, 오히려 새로운 형태로 사람들의 일상 속에 스며들고 있다.

예를 들어, 한복은 과거에 명절이나 결혼식처럼 특별한 날에만 입었지만, 최근에는 디자인과 소재를 변화시킨 생활한복이 인기를 얻고 있다. 전통의 아름다움은 그대로 유지하면서도 활동이 편해, 일상복처럼 활용할 수 있게 된 것이다. 전통음악인 국악 역시 전자음악, 재즈 등과 결합한 '퓨전 국악'으로 변화를 시도하며 젊은 세대에게 더 친숙하게 다가가고 있다. 음식 문화에서도 전통과 현대의 조화를 쉽게 발견할 수 있다. 김치나 한과 같은 전통음식에 현대적인 포장과 새로운 맛을 더해 선물용이나 카페 메뉴로 재탄생시키는 사례가 많아졌다.

이처럼 한국의 전통문화는 과거의 유산에 머무르지 않고, 현대의 기술과 감각을 만나 끊임없이 변모하고 있다. 이는 한국 사회가 전통을 지키면서도 시대의 흐름에 발맞추어 나아가는 모습을 잘 보여준다.

## ■ 문법 표현

1. -(으)려는 (의도 · 목적)
   - 예1: 전통문화를 지키고 발전시키려는 노력이 있다.
   - 예2: 젊은 예술가들은 전통을 새롭게 해석하려는 시도를 많이 한다.
   - 의미: 어떤 목적을 이루려는 의도를 나타내며, 주로 명사를 꾸며 주는 역할

2. -(으)면서 (동시적 상황)
   - 예1: 전통의 아름다움을 유지하면서 활동이 편하도록 디자인을 바꿨다.
   - 예2: 국악은 전자음악과 결합하면서 새로운 장르로 변모하고 있다.
   - 의미: 두 가지 행동이나 상태가 동시에 일어남을 나타냄

3. -아/어 가다 (진행, 변화)
   - 예1: 전통은 현대의 감각을 만나 끊임없이 변모해 가고 있다.
   - 예2: 한국 사회는 전통을 지키면서도 계속 발전해 가고 있다.
   - 의미: 어떤 변화나 상황이 앞으로 계속 이어지고 진행됨을 나타낼 때 사용

4. -덕분에 (원인, 긍정적 결과)
   - 예1: 이러한 노력 덕분에 전통은 사라지지 않고 새로운 형태로 일상 속에 스며들고 있다.
   - 예2: 퓨전 국악 덕분에 젊은 세대가 국악을 더 친숙하게 접할 수 있다.
   - 의미: 어떤 긍정적인 결과가 나타나게 된 원인이나 도움을 설명할 때 사용

**[이해 확인]**

1) 한국의 전통문화가 현대와 공존하는 이유를 본문에서 두 가지 찾으십시오.
2) 생활한복이 과거의 한복과 다른 점을 한 문장으로 쓰십시오.
3) 전통음악이 젊은 세대에게 더 친근하게 다가간 이유는 무엇입니까?
4) 음식 문화에서 전통과 현대의 조화를 보여주는 예를 한 가지 쓰십시오.

### ▶ 활동 A. 전통과 현대가 만난 예 찾기

[여러분이 본 전통문화와 현대가 어우러진 예는 어떤 것이 있나요?]
짝과 대화해 보세요.

**? 질문 1:** 어떤 콘텐츠(드라마, 노래, 음식 등)에서 봤나요?
**? 질문 2:** 전통과 현대가 어떻게 융합되었나요?
**? 질문 3:** 그 모습이 인상 깊었던 이유는 무엇인가요?
**예시 답변:** "저는 유튜브에서 국악과 재즈를 결합한 공연을 본 적이 있어요. 해금과 피리 같은 전통 악기가 피아노와 드럼과 함께 연주되었는데, 소리가 매우 독특하고 아름다웠어요. 전통음악이 이렇게 현대 음악과 어우러질 수 있다는 것이 놀라웠고, 국악에 대한 흥미도 생겼어요. 특히 연주자들의 모습에서 전통과 현대가 공존하는 모습을 느낄 수 있어서 기억에 남았어요."

▶ **활동 B. 3분 발표**

준비주제: 전통과 현대가 만난 멋진 순간

① 소개 ② 예시 설명 ③ 문화적 의미 ④ 나의 생각 ⑤ 마무리

**[자가 체크리스트]**

| 항 목 | 평가 기준 | 체 크 |
|---|---|---|
| 발표 내용 | 주제와 관련된 내용을 구체적으로 설명했는가? | □ |
| 표현력 | 어휘, 문장 구조, 억양이 자연스러운가? | □ |
| 구성 | 소개 - 예시 - 문화적 의미 - 나의 생각 - 마무리의 순서로 구성되었는가? | □ |
| 문화적 관점 | 주제에 대한 나의 생각을 명확하게 설명했는가? | □ |
| 태도와 전달 | 자신감 있게 말하고, 청중과 소통했는가? | □ |

**[쓰기 활동]**

**주제: 전통과 현대가 어우러진 한국 문화 이야기**

- 어떤 전통문화인가?
- 그것이 현대적으로 어떻게 바뀌었나?
- 나에게 어떤 인상을 주었는가?
- 나의 문화와 비교할 때 어떤 점이 비슷하거나 다른가?

※ 글쓰기 틀 제공: 도입 - 경험 - 분석 - 비교 - 마무리

**[문화 비교 및 정리]**

*** 전통문화의 현대적 변화**

| 전통문화 요소 | 현대적 변형 예시 | 특 징 |
|---|---|---|
| 한복 | 아이돌 무대 의상, 일상복 한복 | 편리함, 감각적 디자인 |
| 한옥 | 카페, 게스트하우스, 전통 체험 공간 | 고즈넉한 분위기 + 실용성 |
| 국악 | 퓨전 국악, EDM + 아리랑 | 새로운 장르 창출 |
| 전통음식 | 떡케이크, 한과 디저트 | 시각적 아름다움 + 맛 |

**활동 제안**

- 나만의 '퓨전' 아이디어 만들기
  (전통문화 요소를 현대적으로 변형하는 아이디어 기획하기)
- '전통문화 홍보대사' 역할극: 현대적 변형 사례를 외국인에게 소개하기

**[프로젝트 활동]**

**활동명: '전통의 재해석' 콘텐츠 만들기**

- 주제: 내가 좋아하는 전통문화의 새로운 모습
- 형식: 포스터, 브로셔, 영상 중 하나 선택
- 내용: 전통문화 소개 + 현대적 변화 예 + 나의 의견
- 다음 주 전시 및 발표

**더 생각해 보기**

- 전통적인 것들을 현대화할 때 장점과 단점은 무엇일까요?
- 여러분 나라에서 전통과 현대가 만난 예는 어떤 것이 있나요?
- 현재 사람들이 더 잘 알았으면 하는 전통문화는 무엇인가요?

# 제8과.

## 한국의 일상 문화와 명절 문화는 무엇이 다를까?

## ■ 학습 목표

- 한국의 일상생활과 명절 문화를 이해하고 설명할 수 있다.
- 일상과 전통문화의 차이를 비교할 수 있다.
- 관련 어휘와 문법 표현을 활용하여 자신의 경험을 말할 수 있다.

## ■ 핵심 어휘

| 어 휘 | 의 미 |
|---|---|
| 세배 | 설날에 어른께 절을 드리는 예절 |
| 차례 | 명절에 조상을 기리며 지내는 의식 |
| 송편 | 추석에 만들어 먹는 전통 떡 |
| 여가 | 자유롭게 쓸 수 있는 시간 |
| 정(情) | 가족이나 이웃 사이의 따뜻한 마음 |
| 배달 서비스 | 음식을 집까지 가져다주는 서비스 |
| 분리배출 | 쓰레기를 종류별로 나누어 버리는 것 |

*** 세계인이 말하는 한국 명절**

"저는 미국에서 한국 드라마를 보며 한국 가족들이 명절에 함께 모이는 모습을 보았어요. 서로 덕담을 나누고 음식을 함께 준비하는 모습이 인상적이었어요."

"저는 인도네시아에서 한국의 일상생활을 다룬 예능을 보았는데, 친구들과 카페에서 시간을 보내는 모습이 친근하게 느껴졌어요."

**★ 함께 생각해 봅시다**

질문 1. 이 사람들은 각각 어떤 한국 문화를 접했고, 어떤 점에 주목했나요?
질문 2. 한국 명절의 대표적인 행사와 음식에는 어떤 것들이 있나요?
질문 3. 일상 문화와 명절 문화가 어떻게 다르다고 생각하나요?
질문 4. 여러분 나라의 명절 문화와 한국 명절 문화를 비교해 보세요.

**□ 참고자료**

드라마 속에서 명절 문화를 알 수 있는 장면을 찾아봅시다.

**[읽기📖] 한국의 일상 문화와 명절 문화**

한국 사람들의 일상 문화는 가족과 공동체를 중요하게 생각하는 데서 잘 나타난다. 아침에는 밥과 국, 여러 반찬을 준비해 가족이 모여 함께 식사하며 이야기를 나누는 경우가 많다. 직장이나 학교에서 바쁘게 생활하지만, 저녁에는 친구나 동료와 함께 밥을 먹거나 차를 마시며 관계를 이어 간다. 또한 여가 시간에는 등산을 하거나 카페에서 시간을 보내고, 온라인 활동을 즐기기도 한다. 약속 시간은 정확히 지키려는 편이며, 집에 들어갈 때는 신발을 벗고 들어간다. 그리고 처음 만난 사람에게는 나이에 상관없이 존댓말을 쓴다. 편의점과 배달 서비스가 잘 되어 있기 때문에 밤늦게도 필요한 것을 쉽게 구할 수 있어 생활이 빠르면서도 편리하다. 지하철을 탈 때에는 자연스럽게 줄을 서서 기다리고, 쓰레기는 분리해서 배출하도록 안내가 잘 되어 있어 누구나 이런 규칙 속에 살아간다.

명절 문화에서는 전통적인 가치가 뚜렷하게 드러난다. 설날에는 어른들께 세배를 드리고 떡국을 먹으며 새해의 복을 빈다. 추석에는 고향을 찾아가 조상께 차례를 지내고 송편을 만들어 나누어 먹는다. 이때 가족과 친척이 다 함께 모여 음식을 준비하고 정을 나누는 것이 큰 의미가 있다. 이렇게 한국 사람들의 생활은 일상에서는 현대적이고 빠르지만, 명절에는 전통과 가족 중심의 문화를 이어 가고 있다.

최근에는 일상과 명절 문화가 서로 영향을 주면서 새로운 문화 양식도 생겨나고 있다. 가족들과 함께 외출하거나 여행을 가거나 간단하게 멍절을 보내는 가정이 늘고 있다. 그러나 가족이 함께 모이는 명절의 모습은 한국 문화의 중요한 일부이다.

## ■ 문법 표현

1. -(으)ㄹ 때
   - 예1: 집에 들어갈 때는 신발을 벗고 들어간다.
   - 예2: 한국에서는 처음 만났을 때 존댓말을 쓴다.
   - 의미: 어띤 시짐이나 싱황을 나타낼 때 사용

2. -거나
   - 예1: 주말에는 영화를 보거나 운동을 해요.
   - 예2: 가족들과 함께 외출하거나 여행을 가거나 간단하게 명절을 보낸다.
   - 의미: 둘 이상의 행동 중에서 선택하거나 나열할 때 사용

3. -기도 하다
   - 예1: 온라인 활동을 즐기기도 한다.
   - 예2: 날씨가 추워서 나가기 싫을 때가 있기도 합니다.
   - 의미: 어떤 행동이나 상태가 가끔 나타남을 표현

4. -(으)ㄴ/는 데서 잘 나타나다
   - 예1: 한국 사람들의 일상 문화는 가족과 공동체를 중요하게 생각하는 데서 잘 나타난다.
   - 예2: 그의 성실함은 작은 일에도 최선을 다하는 데서 잘 나타난다.
   - 의미: 어떤 사실이나 특징이 드러나는 근거를 말할 때 사용

**[이해 확인]**

1) 한국 사람들은 아침 식사를 어떻게 하는 경우가 많습니까?
2) 명절에 설날과 추석에는 각각 어떤 활동을 합니까?
3) 일상생활에서 한국 사람들이 지키는 규칙 두 가지를 쓰세요.
4) 최근 명절 문화가 어떻게 변하고 있습니까?

### ▶ 활동 A. 나의 명절 문화 이야기하기

짝과 다음 질문을 중심으로 대화해 보세요.

**? 질문 1:** 여러분 나라의 명절에는 어떤 행사와 음식이 있나요?
**? 질문 2:** 한국 명절 문화와 비슷하거나 다른 점은 무엇인가요?
**예시 답변:** "우리나라는 명절에 가족이 모두 모여 큰 식사를 해요. 한국의 설날처럼 조상께 인사하는 풍습은 없지만, 가족과 함께 시간을 보내는 점은 비슷해요."

### ▶ 활동 B. 3분 발표

준비주제: "한국의 명절 문화와 내 나라 명절 문화 비교"
발표 구조: ① 소개 ② 명절 행사 설명 ③ 공통점과 차이점 ④ 느낀 점 ⑤ 마무리

**[자가 체크리스트]**

| 항 목 | 평가 기준 | 체 크 |
|---|---|---|
| 발표 내용 | 주제와 관련된 내용을 구체적으로 설명했는가? | ☐ |
| 표현력 | 어휘, 문장 구조, 억양이 자연스러운가? | ☐ |
| 구성 | 소개 - 행사 설명 - 공통점과 차이점 - 느낀 점 - 마무리의 구조로 발표하였는가? | ☐ |
| 문화적 관점 | 다른 나라의 명절 문화와 비교하여 해석했는가? | ☐ |
| 태도와 전달 | 자신감 있게 말하고, 청중과 소통했는가? | ☐ |

**[쓰기 활동]**

**주제: '명절 문화 속에서 느낀 한국인의 가치' 또는 '나의 명절, 너의 명절'**

- 한국 명절 문화에서 인상 깊었던 점이나, 본국 명절과의 공통점 · 차이점에 대해 서술
- 명절을 보내며 느낀 가족 · 공동체 · 전통의 의미에 대해 쓰기

※ 글쓰기 틀 제공: 도입 - 경험 - 분석 - 비교 - 마무리

**[문화 비교 및 정리]**

*** 각 나라의 명절 문화 엿보기**

| 나라 | 명절 이름 | 주요 활동 | 문화적 의미 | 대표 음식 | |
|---|---|---|---|---|---|
| 한국 | 설날 · 추석 | 세배, 차례,<br>가족 모임 | 전통과 가족 중심의<br>가치 계승 | 떡국, 송편 |  |
| 중국 | 춘절 · 중추절 | 폭죽놀이, 용춤,<br>가족 모임 | 가족 단합,<br>풍요와 장수 기원 | 만두, 월병 |  |
| 베트남 | 뗏(Tết) | 제사, 세뱃돈 주기,<br>집 장식 | 효(孝)와 조상 숭배 | 반쯩(떡) |  |
| 일본 | 오쇼가쓰(正月) ·<br>오본(お盆) | 신사 참배, 제사,<br>가족 모임 | 조상에 대한 존중,<br>가족 유대 강화 | 오세치 요리,<br>모찌 |  |
| 미국 | 추수감사절<br>(Thanksgiving) | 감사 기도, 퍼레이드,<br>가족 모임 | 감사와 나눔의 정신 | 칠면조, 파이 |  |
| 인도 | 디왈리(Diwali) | 불꽃놀이, 기도,<br>선물 교환 | 빛과 어둠의 대립,<br>선의 승리 | 카레 |  |
| 몽골 | 차간 사르<br>(Tsagaan Sar) | 큰절 인사, 친척 방문,<br>선물 교환 | 가족 · 친척 간 유대 강화,<br>손님 환대 문화 | 보오즈(찐만두),<br>아이락(유제품) |  |

**활동 제안: 소그룹으로 비교 정리 후 발표**

- 명절 음식 카드 만들기 – 각 명절 음식의 재료, 의미, 사진 등을 정리
- 한국 명절 뉴스 기사 읽기 – 최근 명절 관련 뉴스 요약 후 의견 나누기 (명절 간소화, 여행 문화 등)
- '나의 명절 하루 브이로그' 만들기 – 명절 풍경이나 문화 소개 영상 기획 및 발표
- 〈명절 문화 비교 차트〉 만들기
  '한국 vs 내 나라' 명절 비교 항목: 날짜, 의미, 음식, 가족의 역할, 의례, 선물 문화, 현대적 변화 등

**[프로젝트 활동]**

**활동명: 〈현대인의 명절, 어떻게 보내면 좋을까?〉 캠페인 기획**

- 명절의 의미를 살리면서도 부담을 줄일 수 있는 새로운 명절 문화 제안
- 소그룹 포스터 제작이나 영상 기획 발표
- 타겟: 젊은 세대 / 1인 가구 / 외국인 등

**더 생각해 보기**

- 대부분 명절은 가족과 함께 전통 방식으로 보내고 있습니다.
- 여러분이 생각하는 명절을 잘 보내는 방법은 무엇인가요?
- 명절을 어떻게 보내고 싶나요?
- 누군가는 명절이 스트레스라고 말합니다. 명절이 스트레스가 되는 이유는 무엇일까요?

# 제9과.
# 지역 문화와 관광은 어떻게 연결될까?

■ 학습 목표

- 한국의 다양한 지역 문화를 이해하고 설명할 수 있다.
- 지역 문화와 관광의 연결 방식을 분석할 수 있다.
- 자신의 지역 문화와 관광 경험을 다양한 표현으로 말하고 쓸 수 있다.

■ 핵심 어휘

| 어 휘 | 의 미 |
|---|---|
| 해녀 | 제주에서 잠수해 해산물을 채취하는 여성 |
| 물질 | 해녀가 바다에 잠수해 해산물을 잡는 일 |
| 동선 | 사람이 움직이는 길이나 방향 |
| 미감(美感) | 아름다움을 느끼는 감각 |
| 보존(하다) | 원래 모습이나 가치를 지켜 유지하다 |
| 존중(하다) | 다른 사람이나 문화를 귀하게 생각하다 |
| 의미 있다 | 중요하거나 가치가 있다 |

**★ 세계인이 말하는 한국 지역 문화와 관광**

"저는 일본에서 제주도 여행을 다녀왔어요. 자연 경관도 아름답고, 해녀 문화를 직접 체험할 수 있어서 특별했어요."

"저는 캐나다에서 경주를 방문했는데, 신라 시대의 문화재가 잘 보존되어 있어 인상 깊었어요. 한국의 역사와 문화에 대해 많이 배울 수 있었습니다."

**★ 함께 생각해 봅시다**

질문 1. 관광객들은 한국의 어떤 지역 문화를 경험했고, 어떤 점에 감동했나요?
질문 2. 지역 문화가 관광에 미치는 긍정적인 영향은 무엇인가요?
질문 3. 관광 활성화를 위해 지역 문화는 어떻게 보존되어야 할까요?
질문 4. 여러분 나라의 지역 문화 관광과 비교해 보세요.

## [읽기📖] 지역 문화와 관광의 연결

한국에서는 지역마다 고유한 문화와 전통을 살리면서 관광과 연결하는 행사가 자주 열린다. 이런 행사는 관광객이 단순히 구경만 하는 것이 아니라 직접 체험하도록 만들어져서, 지역 문화를 더 깊이 이해하게 한다.

예를 들어 제주도의 해녀 문화 체험 데이에서는 해녀들이 물질하는 모습을 보고, 그들이 사용하는 도구도 살펴본다. 또 바다를 보호하기 위해 예약제를 실시하도록 하고 있다. 경주의 신라 야행에서는 문화 해설을 들으면서 밤길을 걸어 유적지를 구경한다. 이때 관광객이 질서를 지키면서도 즐길 수 있도록 동선을 관리한다. 전주의 한옥 생활 문화 주간에서는 한복을 입고 다도나 한과 만들기를 배우며, 전통의 아름다움을 지키면서도 현대 생활에 맞는 체험을 제공한다.

이러한 행사는 책이나 영상만으로는 알기 어려운 부분까지 이해하게 된다. 또한 지역 주민과 직접 소통하면서 문화를 존중하는 태도를 기를 수 있다. 참여하는 사람이 많아질수록 지역 문화의 가치가 널리 알려지고, 보존 활동도 힘을 얻게 된다. 따라서 기회가 있을 때 이런 행사에 적극적으로 참여하는 것이 좋다. 여행은 단순한 소비가 아니라 문화를 잇는 의미 있는 경험이 될 수 있기 때문이다.

### ■ 문법 표현

1. -(으)며
   - 예1: 한복을 입고 다도나 한과 만들기를 배우며, 전통의 아름다움을 지킨다.
   - 예2: 그는 일을 하며 공부도 계속했다.
   - 의미: 나열하거나 동시에 일어나는 상황을 표현할 때 사용

2. -(으)ㄹ 수 있다
   - 예1: 관광객이 질서를 지키면서도 즐길 수 있도록 동선을 관리한다.
   - 예2: 주말에는 이곳에서 전통춤을 볼 수 있다.
   - 의미: 가능성을 나타낼 때 사용

3. -(으)ㄴ 것이 아니라 (사실 부정, 교정)
   - 예1: 이 행사는 구경만 하는 것이 아니라 직접 체험할 수 있다.
   - 예2: 국악의 퓨전은 전통을 버리는 것이 아니라 새로운 방식으로 이어 가는 것이다.
   - 의미: 어떤 사실을 부정하고, 더 정확하거나 의도된 사실을 강조할 때 사용

**[이해 확인]**

1) 전주의 '한옥 생활문화 주간'에서 관광객은 어떤 활동을 할 수 있나요?

2) 지역 주민과 직접 소통하는 경험이 관광객에게 어떤 의미를 줄 수 있나요?

3) 여행이 단순한 소비가 아니라는 이유는 무엇인가요?

**▶ 활동 A. 지역 문화와 관광 이야기하기**

짝과 다음 질문을 중심으로 대화해 보세요.

**? 질문 1:** 여러분이 방문한 지역에서 인상 깊었던 지역 문화 경험은 무엇인가요?

**? 질문 2:** 관광에 어떤 영향을 주었나요?

**▶ 활동 B. 3분 발표**

준비주제: "내가 경험한 지역 문화 관광"

발표 구조: ① 소개 ② 경험 설명 ③ 관광과 지역 문화의 연결 ④ 문제점과 해결책 ⑤ 마무리

**[자가 체크리스트]**

| 항 목 | 평가 기준 | 체 크 |
|---|---|---|
| 발표 내용 | 주제와 관련된 내용을 구체적으로 설명했는가? | ☐ |
| 표현력 | 어휘, 문장 구조, 억양이 자연스러운가? | ☐ |
| 구성 | 소개 - 경험 설명 - 관광과 지역 문화 연결 - 문제점과 해결책 - 마무리의 구조로 발표하였는가? | ☐ |
| 문화적 관점 | 다른 나라의 명절 문화와 비교하여 해석했는가? | ☐ |
| 태도와 전달 | 자신감 있게 말하고, 청중과 소통했는가? | ☐ |

**[쓰기 활동]**

**주제: 내가 가 보고 싶은 한국 지역과 그 이유' 또는 '지역 문화가 관광에 주는 영향**

- 한국의 한 지역을 선택하고, 그 지역의 문화 · 축제 · 음식 등을 관광 자원으로서 설명
- 지역 문화와 관광이 서로 어떤 영향을 주는지 분석

**[예시 문장 구성 힌트]**

"제가 관심 있는 지역은 ______입니다. 이 지역은 ______ 문화로 유명합니다."

"그 문화를 체험할 수 있는 관광 프로그램으로는 ______이 있습니다."

**[문화 비교 및 정리]**

*** 한국의 지역 문화 축제 엿보기**

| 지역 | 테마 · 특산물 | 축제명 | 주요 체험 활동 |
|---|---|---|---|
| 서울 | 연등 · 전통불교 문화 | 연등회<br>(Lotus Lantern Festival) | 연등 퍼레이드, 한복 착용,<br>야간 조계사 · 청계천 관람 |
| 보령<br>(충남) | 미네랄 진흙 | 보령 머드 축제<br>(Boryeong Mud Festival) | 머드 슬라이드 · 마사지 · 페인팅,<br>머드 화장품 체험, 불꽃놀이 |
| 부산 | 해양 · 불꽃 | 부산 국제 불꽃축제<br>(Busan International<br>Fireworks Festival) | 광안리 해변 불꽃쇼, 음악 공연, 야외 마켓 |
| 강릉<br>(강원) | 단오 · 민속 | 강릉 단오제<br>(Gangneung Danoje Festival) | 샤먼 의식, 탈춤 · 민속놀이, 씨름, 달집<br>태우기 |
| 대구 | 오페라 · 음악 | 대구 국제 오페라 축제<br>(Daegu International<br>Opera Festival) | 오페라 공연, 백스테이지 투어 |
| 광주 | 김치 · 다문화 | 광주 세계김치축제<br>다문화 어울림 축제 | 김치 만들기 대회, 김치 전시 · 시식,<br>세계 전통의상 · 음식 체험, 전통 공연 |

**활동명: 〈지역 문하 관광 비교표〉 만들기**

- '한국 지역 문화 관광 vs 내 나라의 지역 문화 관광' 비교
- 항목: 지역 특산물, 축제, 관광객 수, 체험 활동, 정부 지원 등
- 비교 후 '효과적인 지역 관광 전략은 무엇인가?' 주제로 발표

**활동 제안**

- 한국의 지역 축제 영상 감상 후, '직접 참여한다면?' 체험 후기 쓰기
- 지역 문화 상품(기념품, 체험 키트 등) 아이디어 제안
- 실제 관광청 웹사이트에서 지역 관광 코스 조사 후 소개

**[프로젝트 활동]**

**활동명: 가상 지역 축제 기획하기**

- 한국 또는 본국의 지역 문화를 바탕으로 축제를 기획
- 포함 내용: 축제 이름, 기간, 장소, 주요 프로그램, 체험 활동, 타깃 관광객
- 포스터 또는 발표 자료 제작 후 조별 발표

**더 생각해 보기**

- 지역 문화 관광은 누구를 위한 것이라고 생각하나요?
- 관광 개발이 지역에 도움이 되는 부분과 해가 되는 부분은 무엇일까요?
- 지역의 문화를 알리는 좋은 방법은 무엇일까요?

“

에듀컨텐츠·휴피아
ECH Educontents Huepia

”

# 제10과.

## 웹툰과 디지털 예술은 어떤 매력을 가질까?

## ■ 학습 목표

- 웹툰과 디지털 예술의 특징과 매력을 이해하고 설명할 수 있다.
- 디지털 문화가 현대 예술에 미치는 영향을 분석할 수 있다.
- 자신의 디지털 문화 경험을 다양한 표현으로 말하고 쓸 수 있다.

## ■ 핵심 어휘

| 어 휘 | 의 미 |
|---|---|
| 웹툰 | 온라인에서 볼 수 있는 만화 |
| 전개 | 사건이나 내용이 진행되는 과정 |
| 몰입감 | 작품 속에 완전히 빠져드는 느낌 |
| 미디어 파사드 | 건물 외벽에 빛과 영상을 비추어 표현하는 예술 |
| 가상현실(VR) | 기계를 통해 실제처럼 느끼게 하는 인공적인 현실 |
| 보급 | 널리 퍼뜨려 사용하게 함 |
| 경쟁력 | 다른 나라나 회사와 비교했을 때 경쟁할 수 있는 능력 |

### ★ 세계인이 말하는 웹툰과 디지털 예술

"저는 독일에서 한국 웹툰을 자주 봐요. 스토리도 재미있고, 그림체가 독특해서 계속 보게 돼요."

"저는 멕시코에서 디지털 아트 전시회를 갔는데, 첨단 기술과 예술이 만나서 신기했어요. 한국 디지털 예술의 혁신이 대단하다고 생각합니다."

### ★ 함께 생각해 봅시다

질문 1. 이들이 경험한 웹툰과 디지털 예술의 매력은 무엇인가요?
질문 2. 웹툰과 디지털 예술이 현대 문화에 미치는 영향은 무엇일까요?
질문 3. 디지털 기술이 예술 창작에 어떤 도움을 주나요?
질문 4. 여러분 나라의 디지털 예술과 비교하면 어떤 점이 비슷하고 다른가요?

## [읽기📖] 웹툰과 디지털 예술의 매력과 발전

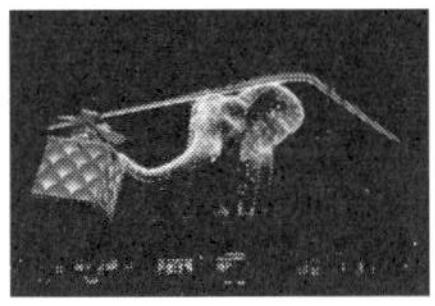

한국의 웹툰과 디지털 예술은 다양한 매력으로 전 세계 사람들의 관심을 받고 있다. 웹툰은 스마트폰이나 컴퓨터로 볼 수 있는 온라인 만화로, 여러 장르와 독특한 전개 방식을 가지고 있다. 예를 들어 「나 혼자만 레벨업」, 「유미의 세포들」 같은 작품은 여러 언어로 번역되어 세계 여러 나라에서 사랑받고 있다. 그림과 대사가 함께 있기 때문에 내용을 쉽게 이해할 수 있어서, 한국어 학습자에게도 좋은 자료가 된다.

디지털 예술은 컴퓨터와 그래픽 기술로 만든 예술이다. 3D 아트, 미디어 파사드, 가상현실(VR) 전시 등 다양한 형태가 있다. 관객은 작품 속에 들어간 것 같은 몰입감을 느낄 수 있으며, 일부 작품은 전통문화와 현대 기술을 결합하여 새로운 매력을 보여준다.

이러한 발전은 빠른 인터넷, 스마트 기기의 보급, 그리고 창작자와 독자를 연결하는 플랫폼의 성장 덕분이다. 앞으로 인공지능(AI)과 증강현실(AR)이 더해질수록 표현 방식이 더 다양해지고, 세계 시장에서 경쟁력도 높아질 것이다. 결국, 독자와 관객은 더 다양한 문화 경험을 누리게 될 것이다.

### ■ 문법 표현

1. -에 따라
   - 예1: 디지털 예술은 기술의 발전에 따라 새로운 모습을 보인다.
   - 예2: 가격은 계절에 따라 달라진다.
   - 의미: 어떤 조건이나 상황에 의해서 달라짐을 나타냄

2. -에 의해(서)
   - 예1: 이러한 발전은 스마트 기기의 보급, 플랫폼의 성장에 의해 가능해졌다.
   - 예2: 회의 결과는 투표에 의해 결정되었다.
   - 의미: 어떤 원인이나 근거, 수단에 의해 결과가 나타남을 표현할 때 사용

3. -에 비해
   - 예1: 과거에 비해 지금은 웹툰을 쉽게 접할 수 있다.
   - 예2: 한국은 다른 나라에 비해 인터넷 속도가 빠르다.
   - 의미: 두 대상을 비교할 때 사용

**[이해 확인]**

1) 웹툰이 한국어 학습자에게 좋은 자료가 되는 이유는 무엇인가요?
2) 디지털 예술에는 어떤 형태들이 있으며, 관객은 어떤 경험을 할 수 있나요?
3) 앞으로 웹툰과 디지털 예술이 더 발전할 수 있는 이유를 본문에서 찾아 설명하세요.

**▶ 활동 A. 나의 디지털 문화 경험 나누기**

짝과 다음 질문을 중심으로 대화해 보세요.

**? 질문 1:** 가장 좋아하는 웹툰이나 디지털 예술 작품이 있나요?

**? 질문 2:** 그 작품의 어떤 점이 매력적이라고 생각하나요?

**▶ 활동 B. 3분 발표**

준비주제: "웹툰과 디지털 예술의 매력과 미래"

발표 구조: ① 작품 소개 ② 매력 설명 ③ 디지털 기술과의 관계 ④ 미래 전망 ⑤ 마무리

**[자가 체크리스트]**

| 항 목 | 평가 기준 | 체 크 |
|---|---|---|
| 발표 내용 | 주제와 관련된 내용을 구체적으로 설명했는가? | ☐ |
| 표현력 | 어휘, 문장 구조, 억양이 자연스러운가? | ☐ |
| 구성 | 작품소개 - 설명 - 디지털 기술과의 관계 - 미래 전망 - 마무리의 구조로 발표하였는가? | ☐ |
| 문화적 관점 | 다른 나라의 명절 문화와 비교하여 해석했는가? | ☐ |
| 태도와 전달 | 자신감 있게 말하고, 청중과 소통했는가? | ☐ |

**[쓰기 활동]**

**✍ 주제: 내가 좋아하는 웹툰 소개하기' 또는 '디지털 예술의 장점과 한계**

- 자신이 좋아하는 웹툰을 소개하고, 그 매력을 분석
- 디지털 예술이 가진 표현 방식, 감상자와의 관계, 전통 예술과의 차이 비교

**[예시 문장 구성]**

"제가 즐겨 보는 웹툰은 ______입니다. 이 작품은 _____ 내용이고,
특히 _____한 점이 인상 깊습니다. 디지털 예술은 _____한 점에서 특별하다고 생각합니다."

**[문화 비교 및 정리]**

| 구 분 | 전통 예술 | 디지털 예술 |
|---|---|---|
| 재료 · 도구 | 붓, 먹, 종이, 천, 악기 등 자연 재료 | 컴퓨터, 그래픽 소프트웨어, 디지털 기기 |
| 형태 | 회화, 서예, 국악, 무용, 연극 등 | 웹툰, 3D 아트, VR 전시, 미디어 파사드 등 |
| 표현 방식 | 손으로 직접 제작, 느린 제작 과정 | 기술을 활용한 빠른 제작, 다양한 효과 가능 |
| 관객 경험 | 공연 · 전시장에서 직접 감상 | 온라인 · 가상 공간에서 몰입감 있는 체험 |
| 문화적 의미 | 전통을 계승하고 정체성을 지킴 | 전통과 현대를 결합, 세계적 확산 가능성 |
| 장점 | 오랜 역사와 깊은 예술성 | 접근성과 대중성, 새로운 창의적 표현 |
| 한계 | 접근성 제한, 보존의 어려움 | 기술 의존, 일시적 유행 가능성 |

**활동 제안**

- 내가 감명 깊게 본 웹툰의 한 장면을 소개하고 느낌 나누기
- 자신의 나라 전통 예술과 디지털 예술을 비교해 보기
- 웹툰 장르 조사 및 추천 리스트 만들기
- 디지털 아트 전시회 포스터 제작 및 작품 설명 활동

**[프로젝트 활동]**

**활동명: 나만의 웹툰 아이디어 기획서**

- 주제, 등장인물, 배경, 줄거리 요약, 장르, 전달하고 싶은 메시지 포함
- 조별 또는 개인 프로젝트로 구성하고 발표
- 웹툰 포스터 또는 표지 그림 포함 가능

**더 생각해 보기**

- 웹툰과 디지털 예술이 앞으로 어떻게 발전할 것이라고 생각하나요?
- 여러분 나라에도 비슷한 문화 콘텐츠가 있나요? 있다면 한국과 어떤 점이 비슷하고, 어떤 점이 다른가요?

“

에듀컨텐츠·휴피아
ECH Educontents·Huepia

”

# 제11과.
# K-콘텐츠는 어떻게 세계로 진출할까?

■ **학습 목표**

- K-콘텐츠가 세계 시장에 진출하는 다양한 방식과 사례를 이해할 수 있다.
- 세계 시장에 진출한 K-콘텐츠의 성공 요인을 분석하고 말할 수 있다.
- K-콘텐츠의 사례를 자국 문화의 해외 진출 사례와 비교할 수 있다.

■ **핵심 어휘**

| 어 휘 | 의 미 |
|---|---|
| 글로벌 시장 | 전 세계를 대상으로 하는 시장 |
| 현지화 | 다른 나라의 문화, 언어, 소비 환경에 맞게 콘텐츠를 조정하는 것 |
| 배급 | 영화, 드라마, 음악 등 문화 콘텐츠를 각 지역과 플랫폼에 유통시키는 활동 |
| 플랫폼 | 콘텐츠를 올리거나 이용할 수 있도록 제공되는 온라인 기반 서비스 |
| 저작권 | 창작자가 자신의 창작물을 법적으로 보호받는 권리 |
| 협업 | 두 사람 이상이 함께 작업하는 것 |
| 흥행 | 영화, 공연, 콘텐츠 등이 많은 사람이 보고 큰 인기를 얻는 것 |
| 수익 모델 | 돈을 버는 방법이나 구조 |
| 홍보 전략 | 사람들에게 알리고 관심을 끌기 위한 계획 |
| 한류 | 한국의 대중문화가 다른 나라에서 인기를 얻는 현상 |
| 동시 공개 | 같은 시간에 여러 나라에서 함께 보여주는 것 |
| 자막 | 영상 속 말이나 소리를 글자로 화면에 보여주는 것 |
| 더빙 | 영상 속 소리를 다른 언어로 바꿔 녹음하는 것 |
| 현지 반응 | 다른 나라 사람들이 콘텐츠를 본 후 보여주는 평가나 느낌 |
| 장기 팬층 | 오랫동안 꾸준히 좋아해 주는 팬들의 모임 |

**★ 함께 생각해 봅시다**

질문 1. 여러분이 알고 있는 K-콘텐츠에는 어떤 것이 있나요?

질문 2. K-콘텐츠가 전 세계에서 인기를 끌기 위해 필요한 조건은 무엇일까요?

질문 3. K-콘텐츠의 성공 사례 중 기억에 남는 것은 무엇인가요?

**💬 예시 답변:** "제가 아는 K-콘텐츠에는 드라마, 영화, K-팝, 웹툰, 게임이 있어요. 세계적 인기를 위해서는 공감할 수 있는 이야기와 쉽게 접할 수 있는 플랫폼이 필요한 것 같은데요. 특히 영화 *기생충*은 아카데미상을 받아 한국 영화의 위상을 높인 일로 기억에 남아요

**[읽기📖] K-콘텐츠, 국경을 넘어 세계와 만나다**

최근 몇 년간 한국의 영화, 드라마, 게임, 웹툰 등 K-콘텐츠가 글로벌 시장에서 큰 주목을 받고 있다. 이 성과는 단순히 인기 콘텐츠를 수출하는 데 그치지 않고 현지 문화에 맞춘 기획과 배급 전략을 꾸준히 마련한 결과이다.

예를 들어 한 한국 드라마는 넷플릭스를 통해 190여 개국에 동시 공개되자마자 다국어 자막과 더빙을 갖추어 세계 시청자를 사로잡았다. 또 한 게임사는 해외 유명 스트리머와 협업해 홍보하며 현지 반응을 살피고 지속적인 홍보 전략의 개발을 통해 이용자 만족을 높였다. 이처럼 K-콘텐츠는 품질과 창의성, 저작권 보호를 바탕으로 발전해 왔는데, 앞으로도 한류가 세계로 뻗어나가려면 현지 문화를 존중하면서 이야기를 전개해야 한다. 그렇게 할 때에야 단기적 흥행을 넘어 장기적인 팬층을 확보할 수 있을 것이다.

또한 유튜브, 틱톡, 인스타그램 등의 SNS는 홍보와 팬 커뮤니티 형성에 크게 기여했고, OTT 플랫폼은 전 세계 동시 배급과 수익 창출을 가능하게 하여, 콘텐츠의 확산이 더해지도록 이끌었다. 해외 팬들이 자발적으로 제작하는 리뷰, 리액션 영상, 번역 자막 등도 관심을 지속시키는 데 도움이 되는 데다가 이러한 참여 문화는 글로벌 열기를 더욱 키우는 요소가 된다.

결국 K-콘텐츠의 세계 진출은 단순한 문화콘텐츠의 수출을 넘어 문화 교류와 상호 이해에 기반한 지속적인 성장 과정으로 자리 잡아 가고 있다.

## ■ 문법 표현

1. -자마자
   - 의미: 어떤 일이 끝난 직후 곧바로 다른 일이 일어남
   - 예문: 드라마가 공개되자마자 해외에서 시청 후기가 쏟아졌다.

2. -도록
   - 의미: 목적을 이루기 위해 또는 어떤 정도까지 하게 함
   - 예문: 제작진은 해외 시청자가 쉽게 이해하도록 여러 언어 자막을 준비했다.

3. -(으)ㄴ/는 데다가
   - 의미: 앞의 상황에 더하여 다른 사실이 함께함
   - 예문: 이 드라마는 배우들의 연기가 뛰어난 데다가 스토리도 흥미로워 큰 인기를 얻었다.

4. -을/를 넘어
   - 의미: 어떤 범위나 한계를 지나서
   - 예문: 한류는 단순한 유행을 넘어 세계적인 문화 현상이 된다.

5. -에 그치다
   - 의미: 어떤 범위나 수준에서 멈춤
   - 예문: 일시적인 흥행에 그치지 않고 장기적인 팬층을 확보해야 한다.

**[이해 확인]**

1) K-콘텐츠가 세계 시장에서 성장할 수 있었던 이유는 무엇입니까?
2) SNS와 OTT 플랫폼은 K-콘텐츠의 확산과 수익에 어떤 역할을 하였습니까?
3) K-콘텐츠의 세계 진출이 장기적으로 나아가야 할 방향은 무엇입니까?

### ▶ 활동 A. 우리 팀의 K-콘텐츠 해외 진출 전략 발표하기

- 팀원들과 함께 주제를 정하고, 아래 순서에 따라 발표를 준비해 보세요.

**[팀플 활동 순서 전략]**
① 세부 분야 선정(예: 태권도, 전통음악, 한식, 웹툰, K-뷰티, 게임, K-POP 등)
② 해외 진출 아이디어 구체화(예: 그 분야를 어떻게, 어디에, 어떤 방식으로 알릴 것인지)
③ 발표 단계 설정(발표 구조화: 도입 → 전개 → 마무리)
④ 예시 답변 정리(다른 팀의 질문에 대한 답변 준비)

1단계: 주제 소개
- 발표할 K-컬처 분야를 말한다.
- 왜 이 분야를 선택했는지 간단히 설명한다.

2단계: 해외 진출 전략 제안
- 어떤 나라 / 지역을 대상으로 할지 정한다.
- 그 나라에서 효과적일 수 있는 홍보 방식, 현지화 아이디어, 협업 방법 등을 설명한다.

3단계: 기대 효과
- 이 전략이 가져올 긍정적 효과나 변화(예: 인지도 상승, 문화 교류, 경제적 효과 등)를 말한다.

4단계: 마무리
- 전체 내용을 간단히 요약하고, 발표를 마무리한다.

팀원들과 수행한 프로젝트의 최종 결과물을 소개해 주세요.

**학습자 이야기 1(아이디어 측면):**

"저희 팀은 태권도를 K-문화 해외 진출 전략의 주제로 선택했습니다. 태권도는 이미 세계 여러 나라에서 알려졌지만, 아직 젊은 세대에게는 단순한 스포츠로만 인식되는 경우가 많습니다. 그래서 저희 팀은 태권도와 K-팝을 결합한 '태권도 댄스 챌린지'를 기획했습니다. 해외 유명 인플루언서가 함께 참여한다면, 태권도의 역동성과 K-팝의 인기를 동시에 알릴 수 있을 거라고 생각합니다."

**학습자 이야기 2(학생들이 직접 해볼 수 있는 실용적 제안):**

"저희 팀은 'K-무술: 태권도의 홍보 전략'을 주제로 발표하겠습니다. 첫 단계로, 해외 유명 대학 캠퍼스나 번화가에서 젊은이들에게 다가가 '이 무술이 어느 나라 무술인지 아세요?'라고 질문합니다. 두 번째 단계에서는 간단한 태권도 동작을 직접 시범 보이고, 참가자들에게 따라 해 보도록 합니다. 세 번째 단계에서는 가장 잘 따라 한 사람을 뽑아 상품을 주고, 네 번째 단계에서는 참가자들에게 두 마디 정도 소감을 남기게 합니다. 마지막으로 이 과정을 영상으로 찍어 SNS에 올리면, 많은 젊은이들이 태권도를 재미있고 친근하게 느낄 수 있을 것이라고 생각합니다."

### ▶ 활동 B. 3분 발표

준비주제: "K-컬처 홍보 영상 촬영"

- 실제 현장에서 홍보하는 상황을 가상으로 구현하여, 다른 친구들에게 보여주세요.
  (직접 해외 홍보 포스터 기획하기: 타이틀, 카피 문구, 이미지 구상 등)

**활동 예시**

① 각 팀의 발표를 들은 후, 마음에 들었던 프로젝트 하나를 선택합니다.

② 다음과 같은 전략의 단계를 설정하고 실제 상황을 보여주세요.

발표 시뮬레이션 단계 (예: K-무술 태권도 길거리 홍보 전략)

1. 관심 끌기
   - 해외 유명 대학 캠퍼스나 번화가(스트리트)에서 젊은이들에게 다가가 질문한다.
   - "이 무술이 어느 나라 무술인지 아세요?"
2. 체험 유도하기
   - 간단한 태권도 동작을 보여주고,
   - "한번 따라 해 보시겠어요?"라고 요청한다.
3. 참여와 보상
   - 참여자가 동작을 시도하면, 가장 잘한 사람을 뽑아 작은 상품을 준다. (예: 한국 전통 기념품, 간단한 간식)
4. 소감 나누기
   - 참가자에게 짧게 소감을 말하게 한다.
   - "재미있었어요!", "처음 해봤는데 흥미롭네요!" 같은 짧은 두 마디.
5. 홍보 효과
   - 이 과정을 촬영해 SNS에 올리고, 자연스럽게 태권도와 한국 문화를 알린다.

**실용 표현 예시:**

| 표 현 | 의 미 | 사용 예시 |
|---|---|---|
| "혹시 oo(이거 / 이 문화 / 이 콘텐츠) 알고 계세요? -들어 / 해 본 적 있어요?" | 관심을 끌고 대화를 시작할 때 사용 | "혹시 이거 본 적 있어요? 어느 나라 무술인 것 같아요?" |
| "한번 직접 해 보시겠어요?" | 체험 활동을 자연스럽게 유도하는 표현 | "이 영상을 보고 따라서 한번 해 보세요." |
| "참여해 주시면 작은 선물을 드립니다." | 참여 의욕을 높이는 보상 안내 | "잘하는 분들에게는 저희가 기프티콘도 따로 드려요." |
| "어떠셨나요? 짧게 소감 한 말씀 해 주세요." | 체험 후 느낌을 공유하는 말 | "어떤 느낌이에요? 따라 하기에 쉬워요?" |
| "사진이나 영상을 좀 찍어서 SNS에 공유해도 될까요? | 실제 홍보 효과를 고려한 동의 요청 | "SNS에 올려도 괜찮을까요? 다른 분들에게도 소개하고 싶습니다." |

| 〈발표 평가표〉_동료 평가 / 자기평가에 활용 | | | |
|---|---|---|---|
| 평가 요소 | 우수 (3점) | 보통 (2점) | 보완 필요 (1점) |
| 아이디어 참신성 | | | |
| 주제, 구성 전달력 | | | |
| 한류와의 연계성 | | | |
| 팀 협력(협동 / 역할 분담) | | | |

**[쓰기 활동]**

**✍ 주제: K-콘텐츠 해외 홍보 기사문 작성하기**

- 지금까지 발표한 내용과 연습한 모의 홍보 활동을 바탕으로, 여러분 팀이 기획한 K-콘텐츠 해외 진출 전략을 홍보 기사문(보도자료) 형식으로 작성해 봅시다.
  - 행사 기획 주체: 누가 행사를 준비했습니까?(예: ○○대학교 한국어문화학과 학생회)
  - 행사 일시 · 장소: 언제, 어디에서 행사가 열립니까?(해외 / 국내 – 학교 앞 / 길거리)
  - 행사 의의: 이 행사의 의미와 특징은 무엇입니까?
  - 행사 목표: 어떤 효과를 기대하며, 무엇을 알리고 싶습니까?
  - 예상 결과: 참가자와 지역사회(해당 국가)에 어떤 변화가 생길 것 같습니까?

**[문화 비교 및 정리]**

*** K-콘텐츠와 우리 문화, 함께 세계로 나아가는 길**

**💡 활동 제안:**

- 여러분 나라의 영화나 여러분 나라의 영화, 드라마, 음악, 게임, SNS 매체 등을 통해 확인할 수 있는 문화 콘텐츠 해외 진출 방식과, 이번에 기획한 K-콘텐츠 전략을 비교해 봅시다.
- 아래 항목에 따라 조별 비교 정리표를 완성하세요.

| | K-문화 콘텐츠 | 자국 문화 콘텐츠 |
|---|---|---|
| 비교 항목 | *예) 내가 기획한 K-콘텐츠 해외 진출 전략* | *예) 우리나라(나의 문화권)의 해외 진출 사례* |
| 주제 | *예) K-드라마 다국어 자막 서비스* | *예) 우리나라 드라마 해외 방영* |
| 공간 | *예) OTT 플랫폼(넷플릭스, 디즈니 +)* | *예) 국제 영화제, 위성방송* |
| 대상자(타깃) | *예) 10–20대 글로벌 OTT 이용자* | *예) 해외 거주 교포, 특정 지역 시청자* |
| 주요 활동 | *예) 스트리머 협업* | *예) 팬클럽 활동, 전통 공연 초청* |
| 문화적 의미 | *예) 문화 교류와 글로벌 공감대 형성* | *예) 전통과 정체성 홍보 중심* |

### 더 생각해 보기

- 여러분 나라의 콘텐츠가 세계에 소개되는 방식과 K-콘텐츠의 해외 진출 전략은 어떤 점에서 비슷하고, 또 어떤 점에서 다릅니까?
- K-콘텐츠가 세계 시장에서 장기적으로 성공하기 위해 앞으로 어떤 노력이 더 필요하다고 생각합니까?
- 여러분 나라의 콘텐츠와 K-콘텐츠가 서로 협력한다면, 어떤 새로운 가능성이 생길 수 있을까요?

# 제12과.

## 한국의 유튜버와 1인 콘텐츠는 어떤 문화를 만들까?

## ■ 학습 목표

- 한국의 1인 미디어와 그 콘텐츠가 만들어내는 문화적 현상을 이해할 수 있다.
- 1인 미디어가 사회에 미치는 긍정적인 영향과 부정적인 영향을 말할 수 있다.
- 실제 1인 미디어 콘텐츠를 기획하고 홍보하는 활동을 수행할 수 있다.

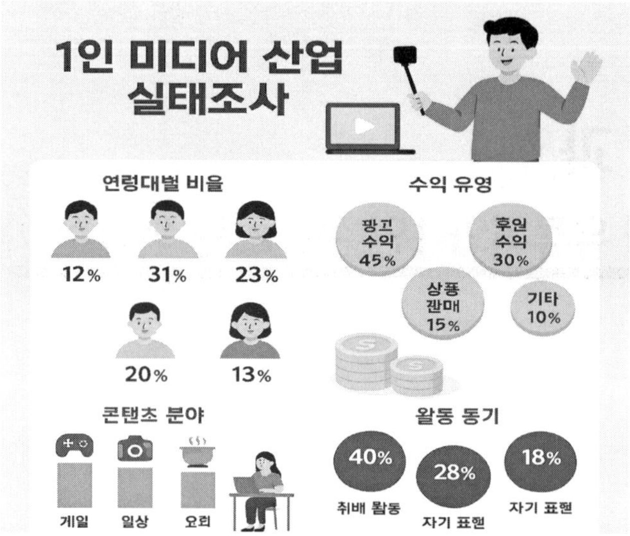


## ■ 핵심 어휘

| 어 휘 | 의 미 |
|---|---|
| 1인 미디어 | 개인이나 소규모 제작자가 직접 만든 콘텐츠를 온라인으로 올려 공유하는 새로운 미디어 형태 |
| 제작자 | 콘텐츠나 프로그램 등을 기획하고 만들어내는 사람 |
| 배포하다 | 만든 것을 여러 사람에게 나누어 주거나 퍼뜨리는 일을 하다 |
| 전통 미디어 | 기존의 신문, 라디오, 텔레비전 같은 전통적인 대중 매체 |
| 독창성 | 다른 것과 구별되는 특별히 새롭고 자기만의 개성이 있는 성질 |
| 대중성 | 많은 사람들이 쉽게 접근하고 즐길 수 있는 성격 |
| 견인하다 | 어떤 발전이나 변화를 이끌고 앞에서 끌어가는 것 |
| 먹방 | 음식을 먹는 모습을 보여 주는 방송이나 영상 |
| 문화적 장치 | 문화의 특징이나 의미를 작품이나 콘텐츠 안에서 드러내기 위해 넣은 표현 방식이나 요소 |
| 뷰티 크리에이터 | 화장, 뷰티 관련 콘텐츠를 만들어 인터넷에 올리는 사람 |
| 자율적 | 다른 사람의 지시가 아니라 스스로 결정하고 행동하는 성격 |
| 탈중심적 | 특정한 하나의 기준이나 권력에만 의존하지 않고, 여러 중심과 다양한 관점이 함께 존재하는 성격 |
| 국가 브랜드 | 사람들이 그 나라를 떠올릴 때 가지는 이미지와 신뢰, 평판 등을 가리키는 말 |
| 양면성 | 긍정적인 면과 부정적인 면이 함께 존재하는 성질 |

★ **함께 생각해 봅시다**

질문 1. 여러분이 자주 보는 1인 미디어는 무엇입니까? 왜 그 채널을 선택합니까?

질문 2. 1인 미디어와 전통 미디어(신문, 방송 등)의 차이는 무엇일까요?

질문 3. 1인 미디어가 한류 확산과 세계 문화 교류에 어떤 역할을 할 수 있을까요?

**예시 답변:** "저는 한국 먹방을 자주 봐요. 한국 음식을 직접 먹어보지 못해도, 영상을 보면 음식 문화와 식사 분위기를 간접적으로 체험할 수 있기 때문이에요. 1인 미디어는 한국 문화를 더 친근하게 보여줍니다. 게다가 사람들이 직접 참여하거나 댓글을 남기면서 한국과 다른 나라가 소통할 수 있기 때문에, 문화 교류에 큰 도움이 될 거라고 생각해요."

**[읽기📖] 1인 미디어와 새로운 문화산업의 확장**

1인 미디어란 개인 혹은 소규모 제작자가 전문 기관의 개입 없이 직접 기획하고 제작하는 콘텐츠를 디지털 플랫폼을 통해 배포하는 매체를 뜻한다. 기존의 방송사나 언론사가 중심이 된 전통 미디어와 달리, 누구나 제작자이자 소비자가 될 수 있다.

최근 한국의 1인 미디어는 특히 독창성과 대중성을 동시에 확보하며 한류 확산을 견인하고 있다. 대표적으로 '먹방'은 단순한 식사 장면을 보여주는 데 그치지 않고, 한국 음식 문화와 생활양식을 전 세계에 알리는 문화적 장치로 자리매김하였다. 또한 뷰티 크리에이터들은 화장법과 한국적 미적 감각을 해외 시청자에게 전달하며 K-뷰티의 세계적 인기를 높이는 데 중요한 역할을 하고 있다.

흥미로운 사실은 다수의 1인 미디어 채널이 한 명이 아닌 여러 명의 출연자와 제작진으로 운영된다는 점이다. 그러나 여러 명이 함께 운영하는 미디어라고 할지라도 공영성이 없고, 또 소규모의 자본과 체계에 의해 자율적으로 기획되고 운영된다는 점에서 여전히 '1인 미디어'라는 범주에 포함된다. 즉 1인 미디어는 '혼자 하는 방송'이 아니라, 전통적 미디어 구조와 구별되는 자율적이고 탈중심적인 방식의 미디어라는 개념으로 이해할 수 있다.

1인 미디어가 사회에 미치는 영향에는 양면성이 있다. 전 세계 사람들이 누구나 새로운 문화를 접하고 즐길 수 있는 기회를 갖게 해 준다는 점에서는 긍정적이다. 그러나 동시에 왜곡된 정보가 미디어를 통해 빠르게 확산될 수 있다는 점에서 부정적인 면도 있다.

현재 1인 미디어는 개인의 취미 활동을 넘어, 한국의 국가 브랜드를 강화하는 문화산업의 주요 축으로 발전하고 있다. 따라서 앞으로도 한국의 1인 미디어는 K-POP, K-푸드, K-게임 등 다양한 한국 문화 영역과 결합하는 만큼 한류의 확산을 촉진하는, K-문화의 중심 채널로 발전할 것이다.

■ **문법 표현**

1. -(으)ㄴ/는 데 (중요한) 역할을 하다
   - 의미: 어떤 일이나 상황에서 (중요한) 기능 · 작용을 함
   - 예문: 인터넷은 사람들을 연결하는 데 (중요한) 역할을 한다.

2. -에 의존하다
   - 의미: 어떤 것에 기대거나 힘입어 의지함
   - 예문: 그는 부모님의 지원에만 의존하지 않고 스스로 공부했다.

3. -(으)로 이루어지다
   - 의미: 어떤 요소들이 모여 구성됨
   - 예문: 이 팀은 다양한 전공의 학생들로 이루어져 있다.

4. -에 자리매김하다
   - 의미: 어떤 지위나 위치를 확실히 가짐
   - 예문: 한류는 세계 문화 속에서 중요한 흐름으로 자리매김했다.

5. -(으)ㄴ/는 만큼
   - 의미: 앞의 상황이나 정도에 비례해 뒤의 결과가 정해짐
   - 예문: 여러 사람이 함께 노력해서 준비한 만큼 이번 일은 좋은 결과가 있을 것이다.

**[이해 확인]**

1) 1인 미디어가 전통적 미디어와 다른 점은 무엇입니까?
2) 한국 1인 미디어의 특징은 무엇입니까?
3) 1인 미디어 채널이 여러 명의 출연자와 제작진이 함께 운영되더라도 여전히 '1인 미디어'라고 할 수 있는 이유는 무엇입니까?
4) 1인 미디어의 사회적 영향에는 어떤 긍정적 측면과 부정적 측면이 있습니까?

▶ **활동 A. "우리 팀의 1인 미디어 기획하기"**

- 팀원들과 함께 주제를 정하고, 아래의 순서에 따라 팀 활동을 준비해 보세요.

**[팀플 활동 순서 전략]**
① 팀별 주제 선택(예: 먹방, 뷰티, 게임, 여행, 캠퍼스 생활 등)
② 채널 이름, 목표 시청자, 콘텐츠 방식(영상 / 라이브 등)을 정하기
③ "이 채널이 어떻게 한류를 알릴 수 있을까?"를 생각하여 발표 내용 구성
④ 콘텐츠 내용에 대한 스토리보드 작성(그림판과 메모를 활용)

1단계: 주제 정하기
- 팀별로 어떤 콘텐츠를 만들지 분야를 정한다.

2단계: 대상 · 장소 · 형식 정하기
- 어떤 사람을 대상으로 할지(외국인 친구, 캠퍼스 학생, 일반 시민 등)
- 어디서 촬영할지(편의점, 도서관, 길거리 등)
- 어떤 형식으로 보여 줄지(브이로그, 챌린지, 인터뷰, 짧은 숏폼 영상 등)

3단계: 콘텐츠 내용 구체화하기
- 촬영할 구체적인 장면(3~4컷)이나 대화 상황을 정한다.
- 예: "편의점에서 음식을 고르는 장면 → 먹으면서 반응하기 → 짧게 소감 말하기"
- 대본까지는 아니더라도, 흐름(스토리보드)을 메모로 정리한다.

4단계: 예상 제목 · 홍보 포인트 정하기
- 영상 제목을 정한다.(짧고 흥미 유발)
- 어떤 부분을 강조할지(재미, 문화적 의미, 한국 생활 체험 등)
- '이 영상이 왜 K-컬처 홍보가 될 수 있는지' 간단히 설명할 수 있어야 한다.

5단계: 최종 발표 준비
- 팀별로 기획 내용을 3분 내외로 발표한다.
- 발표 내용 구성:
  ① 주제 소개 → ② 장소 · 대상 · 형식 → ③ 콘텐츠 내용 흐름 → ④ 기대 효과

팀원들과 수행한 프로젝트의 최종 결과물을 소개해 주세요.

**학습자 이야기 1:**

"저희 팀은 '한국 편의점 먹방'을 주제로 정했습니다. 이번 주말에 편의점에서 라면, 삼각김밥, 떡볶이 같은 간단한 음식을 사서, 직접 먹어보고 솔직한 반응을 찍을 예정입니다. 짧은 영상으로 만들고, 영상 제목은 '편의점에서 즐기는 한국 맛'이라고 정했습니다. - 후략 - "

**학습자 이야기 2:**

"저희 팀은 '한국어 표현 챌린지 콘텐츠' 영상을 찍으려고 합니다. 주말에 친구들과 만나서 한국어 속담이나 유행어를 말해 보고, 그 의미를 설명하는 콘텐츠입니다. 재미있게 실패하는 모습도 넣어서 웃음을 줄 수 있도록 만들 계획입니다. - 후략 - "

### ▶ 활동 B. 3분 발표

준비주제: "우리 팀의 1인 미디어 콘텐츠 제작하기"

- 팀에서 기획한 내용을 실제로 수업 후에 촬영하여 콘텐츠를 제작해 보세요.

### 활동 예시

① 각 팀의 발표를 들은 후, 마음에 들었던 프로젝트 하나를 선택합니다.

② 다음과 같은 과제 활동의 순서를 설정하고 실제로 콘텐츠를 제작해 보여주세요.

**주말 과제 활동 순서**

① 팀별 기획안을 바탕으로 실제 촬영을 진행한다.

② 촬영한 영상을 1~2분 정도로 편집한다.(스마트폰 기본 앱, 무료 편집 툴 활용 가능)

③ 영상에 제목 · 간단한 설명 문구(소개글)를 넣는다.

④ 수업 시간에 영상을 공유하고, 제작 과정에서 어려웠던 점이나 배운 점을 발표한다.

### 학습자 이야기:

"저희 팀은 '편의점 먹방'을 실제로 촬영했습니다. 영상을 1분 30초로 편집했고, 편의점에서 산 라면과 김밥을 먹는 장면, 그리고 간단한 소감을 담았습니다. 촬영하면서 웃음이 많아서 재미있게 만들 수 있었고, 외국인 친구들도 흥미를 가질 거라고 생각했습니다. 내용을 함께 감상해 보시겠습니다. 여러분들도 '좋아요'를 아낌없이 눌러 주시기 바랍니다.

### 실용 표현 예시:

| 표 현 | 의 미 | 사용 예시 |
|---|---|---|
| "저희가 oo 콘텐츠를 준비했습니다. / 저희가 준비한 콘텐츠는 oo입니다." | 촬영 도입부에서 콘텐츠 소개 | "오늘은 저희 팀이 준비한 콘텐츠는 한국 편의점 먹방입니다." |
| "oo하는 방법을 알려 드리겠습니다." | 어떤 활동이나 과정을 설명할 때 | "이럴 때 사용할 수 있는 간단한 유행어를 알려 드릴게요." |
| "재미있으셨다면 ooo를 부탁드립니다." | 영상 마무리 홍보 멘트 | "영상이 재미있으셨다면 좋아요와 스티커 부탁드립니다." |
| "-를 댓글창에 적어 주세요." | 시청자 참여 유도 | "여러분이 먹어 본 다른 한식도 추천해 주시면 다음 영상에서 도전하겠습니다." |

| 〈발표 평가표〉_동료 평가 / 자기평가에 활용 | | | |
|---|---|---|---|
| 평가 요소 | 우수 (3점) | 보통 (2점) | 보완 필요 (1점) |
| 아이디어 참신성 | | | |
| 주제, 구성 전달력 | | | |
| 한류와의 연계성 | | | |
| 팀 협력(협동 / 역할 분담) | | | |

**[쓰기 활동]**

**주제: '1인 미디어가 향후 세계의 문화산업에서 담당할 역할'에 대해 설명문 쓰기**

- 1인 미디어라는 새로운 현상을 문화 · 산업적 맥락에서 이해해 봅시다. 또 한류가 세계 문화의 흐름을 어떻게 주도할 수 있는가를 고민하고 그에 대해 설명하는 글을 써 봅시다.
  - 한국 1인 미디어 특징 및 대표 사례를 하나 이상 설명한다.
  - 이 사례와 한류의 관계를 말한다.
  - 앞으로 세계 문화 시장에서 1인 미디어가 어떤 역할을 할지, 그 이유와 함께 전망한다.

※ 글의 전개 구조: 현상 제시 → 다양한 사례 → 문제 → 대안 → 전망

**[문화 비교 및 정리]**

*** 한류처럼 우리 문화도 1인 미디어를 타고 세계 속으로!**

**활동 제안:**

- 여러분 나라에서 인기 있는 1인 미디어 유형(먹방, 게임, 뷰티, 브이로그 등)을 소개하고, 한국의 유사 콘텐츠와 공통점 · 차이점을 표로 정리하고 이야기해 봅시다.
- 앞으로 1인 미디어가 한국과 우리나라 사이의 문화 교류에 어떤 영향을 줄지, 우리나라 1인 미디어가 어떤 방식으로 세계 속에 진출해 나갈지 생각해 봅시다.
- 아래 항목에 따라 조별 비교 정리표를 완성하세요.

| 항목 | 한국 1인 미디어 | 우리나라 1인 미디어 | 연결 고리 |
|---|---|---|---|
| 콘텐츠 주제 | *예) 먹방, 뷰티, 게임….* | | *예) 한국의 뷰티와 태국의 마사지* |
| 표현 방식 | *예) 짧고 재미있게, 자막 활용, 복합 양식 텍스트 활용* | | |
| 시청자 반응 | *예) 댓글, 실시간 참여 활발* | | |
| 사회적 영향 | *예) 한류 확산, 국가 브랜드 강화* | | |

→

→

| 글로벌 문화 교류 전망 비교하기 |
|---|
| |

### 더 생각해 보기

- 한국과 여러분 나라의 1인 미디어는 어떤 공통점과 차이점을 가지고 있습니까?
- 앞으로 1인 미디어가 두 나라 사이의 문화 교류에 어떤 긍정적 영향을 줄 수 있을까요?
- 세계 문화 시장 속에서 1인 미디어가 지속적으로 발전하기 위해 어떤 점을 보완해야 한다고 생각합니까?

# 제13과.

## 한국어와 함께하는 K-Culture 체험은 무엇이 있을까?

■ **학습 목표**

- K-드라마, 영화 속 직업군과 실제 한국 사회의 직업 문화를 이해할 수 있다.
- 다양한 직업군의 사람들을 만나 한국어로 인터뷰할 수 있다.
- 자국의 직업군과 K-Culture 속 직업군의 이미지를 비교하여 설명할 수 있다.

■ **핵심 어휘**

| 어 휘 | 의 미 |
|---|---|
| 직업군 | 비슷한 종류의 직업을 모아 부르는 말 |
| 등장하다 | 무대나 영화, 드라마에 나오다 |
| 배달 기사 | 음식을 주문한 고객에게 직접 가져다주는 일을 하는 사람 |
| 생활 문화 | 사람들이 일상에서 살아가는 방식과 특징 |
| 전달하다 | 어떤 것을 다른 사람에게 옮기거나 전해 주다 |
| 인상 | 마음 속에 강하게 남는 느낌 |
| 단골 | 자주 이용하는 가게와 고객 관계 |
| 역할 | 맡은 임무나 기능 |
| 현실 | 실제로 존재하고 경험할 수 있는 상황 |
| 밀접하다 | 서로 관계가 매우 가깝다 |

★ **함께 생각해 봅시다**

질문 1. 한국 드라마나 영화에서 자주 본 직업에는 어떤 것이 있습니까?

질문 2. 여러분이 실제 한국에서 만나 보고 싶은 직업인은 누구입니까? 왜 그렇습니까?

질문 3. 만약 여러분이 한국에서 직접 직업인을 인터뷰한다면, 어떤 질문을 꼭 하고 싶습니까?

**예시 답변:** "저는 한국 드라마에서 의사나 변호사, 경찰처럼 전문적인 직업도 많이 봤지만, 특히 배달 기사가 자주 나오는 것이 인상적이에요. 드라마 속에서 치킨이나 음식을 배달하는 장면이 많이 나오는데, 이런 모습이 한국 사회의 '빠른 생활 문화'를 잘 보여 주는 것 같아요. 그래서 저는 실제로 한국의 배달 기사님을 만나 보고 싶어요. 우리나라에도 배달은 있지만, 한국처럼 빠르고 정확하게 서비스하는 문화는 잘 보이지 않아서 차이가 느껴져요. 만약 제가 인터뷰를 한다면, '이 일을 하면서 가장 기억에 남는 순간이 무엇인지' 꼭 물어보고 싶은데요. 이렇게 드라마와 현실을 비교하고 직접 경험하면, 한국 생활을 더 깊이 이해할 수 있을 것 같아요."

**[읽기📖] 드라마 속 직업, 현실에서 만나다**

한국 드라마와 영화에서는 의사, 변호사, 교수, 요리사, 경찰, 회사원, 배달 기사 등을 비롯하여 다양한 직업군이 자주 등장한다. 그중에서도 특히 배달 기사는 현대 한국 사회의 빠른 생활 문화를 잘 보여주는 직업이다. 한국 드라마 속 배달 장면은 단순히 음식을 전달하는 모습을 넘어서, '치킨과 맥주' 같은 한류 음식 문화를 세계에 알리는 중요한 장면으로 쓰이기도 한다. 예를 들어, 드라마 〈별에서 온 그대〉의 치킨과 맥주를 함께 먹고 마시는 장면인 '치맥' 장면은 전 세계 시청자들의 기억에 강렬한 인상을 남겼고, 그 영향으로 해외에서도 한국 치킨집이 큰 인기를 얻었다.

현실에서도 배달 기사는 한국 사회에서 없어서는 안 될 중요한 역할을 맡고 있다. 짧은 시간 안에 정확히 음식을 전달해야 하기에, 한국의 '빠른 생활 문화'를 가장 잘 보여주는 직업이라고 할 수 있다. 또 배달 기사들은 단골 고객과 짧은 대화를 나누기도 하고 드라마에 나오는 유명한 치킨 가게를 직접 소개하기도 한다.

이처럼 드라마 속 직업군을 실제 사회에서 만나 보면, 한류가 단순한 스크린 속 상상이 아니라 현실의 한국 생활과 밀접하게 연결되어 있다는 것을 알 수 있다. 만일 외국인 학생들이 직접 길거리에서 배달 기사나 가게 주인을 만나 짧은 대화를 나눠 본다면, 한국 드라마의 장면을 더 깊이 이해할 수 있을 것이다.

## ■ 문법 표현

1. -을/를 비롯하여
   - 의미: 대표적인 것과 함께 그 밖의 여러 대상을 함께 포함함
   - 예문: 한국에는 서울을 비롯하여 부산, 대구 등 많은 대도시가 있다.

2. -에 남기다
   - 의미: 마음이나 기억 속에 오래도록 영향을 줌
   - 예문: 그 배우의 연기는 많은 사람들의 기억에 강렬한 인상을 남겼다.

3. -을/를 맡다
   - 의미: 책임이나 의무를 담당함
   - 예문: 그는 프로젝트에서 발표를 맡았다.

4. -을/를 나누다
   - 의미: 서로 주고받으며 공유함
   - 예문: 팀원들과 생각을 나누면 더 좋은 아이디어가 나온다.

5. -기에
   - 의미: 어떤 사실을 원인이나 근거로 삼아 그에 따른 판단이나 결과를 말함
   - 예문: 날씨가 맑기에 소풍 가기에 딱 좋은 날이다.

6. -ㄴ/는다면
   - 의미: 어떤 상황을 가정하여 그에 따른 결과나 행동을 말함
   - 예문: 시간이 더 주어진다면 여행을 한 달 정도 다녀오고 싶다.

**[이해 확인]**

1) 드라마 속 배달 장면이 단순히 음식 배달을 넘어서 어떤 의미를 갖게 되었습니까?
2) 드라마 〈별에서 온 그대〉의 '치맥 장면'이 세계 시청자들에게 남긴 영향은 무엇입니까?
3) 현실 속 배달 기사가 한국 사회에서 보여주는 문화적 특징과 역할에는 어떤 것들이 있습니까?

### ▶ 활동 A. "드라마 속 직업을 현실에서 만난다면?"

**〈K-드라마 속 직업군〉**

| | 직업군 | 드라마 / 콘텐츠 연계 | 연계 포인트 | 담화 예시 |
|---|---|---|---|---|
| 1 | 식당 주인/사장님 (분식집) | *스타트업*에서 핫도그, 떡볶이 | 분식 문화와 드라마 속 한류 음식 | "떡볶이 하나 주세요." / "양념 맵게 해 주세요." |
| 2 | 시장 상인 | *응답하라 1988* 전통시장 장면 | 정(情), 시장문화 | "오늘 저렴해요~", "덤도 줄까요?" |
| 3 | 포장마차 주인 | *이태원 클라쓰* 포차 장면 | 포장마차 + 주먹밥, 안주 문화 | "치즈 주먹밥 하나 더요." / "소주 한잔 하실래요?" |
| 4 | 카페 바리스타 | *스타트업*, *청춘시대* 카페 장면 | 감성 카페 문화 | "아메리카노 오리지널로 주세요." |
| 5 | 배달 기사 | 다양한 드라마 배달 장면 | '치맥 문화', 빠른 배달 현실 | "배달 왔습니다!" / "치킨 조심히 드세요." |
| 6 | 약사 | *슬기로운 의사생활 약국 장면* | 의학+일상 언어 | "식후 30분에 드세요." / "부작용 알려 드릴게요." |
| 7 | 한식 셰프 | 냉장고를 부탁해 (2024) | 음식 정서 + 한식의 진정성 | "이 레시피는 전통 방식입니다." |
| 8 | 치킨집 사장님 | 광고의 치맥 장면 | 치맥과 한류 식문화 | "닭은 바삭하게, 맥주는 차갑게 준비했어요." |
| 9 | 길거리 떡볶이 판매자 | 웹툰 기반 웹 예능이나 콘텐츠 | 길거리 푸드 + 생동감 있는 거리 풍경 | "양념 추가해 드릴까요?" |
| 10 | 야외 행사 부스 운영자 | 요리 행사 장면 | K-먹방 / 요리 체험 콘텐츠 | "한 번 드셔보시겠어요?" / "어떤 맛이 제일 마음에 드세요?" |

*참고: 드라마 장면은 연출된 이미지이므로 실제 직업과 다를 수 있습니다.

**〈일상생활에서 찾을 수 있는 K-Culture와 연계가 가능한 접근 가능한 직업군〉**

| | 직업군 | K-Culture 연계 포인트 (드라마/음식/일상 문화 등) | 인터뷰 포커스 | 한국어 · 문화적 의의 | 예시 담화 구조 |
|---|---|---|---|---|---|
| 1 | 시장 상인 (야채/과일/반찬) | 드라마 *응답하라* 시리즈, 전통시장 배경 | 시장 손님 응대, 흥정 방식 | '정(情)' 문화와 흥정 담화 | 인사 → 물건 설명 → 흥정 → 감사 |
| 2 | 분식집 주인 | 떡볶이 · 김밥 = K-푸드, 드라마 *청춘시대* | 인기 메뉴, 학생 손님 | 한국 '간식 문화'와 정서 | 주문 → 추천 → 계산 |
| 3 | 치킨집 주인 | *별에서 온 그대* 치맥 장면 | 치킨 인기 이유, 외국인 반응 | 치맥 = 글로벌 K-Food 상징 | 인사 → 주문 → 서비스 멘트 |
| 4 | 편의점 직원 | 드라마 *편의점 샛별이* | 24시간 생활 문화 | '편의점 = 한국의 일상문화' | 인사 → 구매 → 결제 |
| 5 | 택시 기사 | 영화 *택시운전사* | 손님과의 짧은 대화, 길 안내 | 택시 담화 = 존대 · 잡담 문화 | 목적지 묻기 → 길 안내 → 소통 |
| 6 | 카페 바리스타 | *커피프린스 1호점*, 카페씬 자주 등장 | 인기 음료, 손님 응대 | 카페 = 청년문화 · 소통 공간 | 인사 → 주문 → 추천 메뉴 |
| 7 | 미용실 디자이너 | 드라마 *뷰티 인사이드* | 최신 스타일, 외모 관리 | K-뷰티와 헤어 문화 | 인사 → 스타일 요청 → 서비스 |
| 8 | 포장마차 주인 | *미생*, *청춘시대* 포장마차 장면 | 술안주, 손님 대화 | 야외 음식 문화와 정서 | 인사 → 주문 → 잔 권하기 |
| 9 | 배달 기사 | 한국 배달 문화 | 배달 속도, 고객 반응 | "빨리빨리" 문화의 상징 | 주문 → 배달 → 고객 응대 |

- 팀원들과 함께 주제를 정하고, 아래의 순서에 따라 팀 활동을 준비해 보세요.

**[팀플 활동 순서 전략]**

① 팀별로 드라마 / 영화 속 직업군(예: 배달 기사, 편의점 알바생, 시장 상인, 카페 바리스타 등) 선택
② 해당 직업이 등장하는 드라마 / 영화 속 장면 소개
③ 현실의 직업 모습을 조사한 후 발표하기

- 발표 항목:
  - 드라마 속 장면 설명
  - 현실 직업의 특징 · 업무
  - 한국 문화와의 연결 포인트(예: '정(情)', '환대 문화')

④ 짧은 인터뷰 질문을 준비하기
(예: "이 직업을 하면서 가장 보람 있었던 순간은 무엇입니까?")

1단계: 직업군 정하기

- 팀별로 드라마 · 영화 속에서 자주 본 직업 하나를 고른다.
- 예: 배달 기사, 시장 상인, 카페 바리스타, 편의점 알바, 약사 등

2단계: 드라마 장면 조사하기

- 해당 직업이 등장한 드라마 · 영화 장면을 찾아 소개할 준비를 한다.
- 장면 속에서 어떤 한국 문화 요소(K-푸드, 서비스, 생활 패턴 등)가 드러나는지 메모한다.

3단계: 현실 직업 모습 조사하기

- 실제 한국 사회에서 이 직업이 어떤 모습으로 존재하는지 조사한다.
- 예: 배달 기사 → "빠른 배달 문화" / 시장 상인 → "덤 문화, 흥정"

4단계: 발표 구조 정하기

- 발표를 도입-전개-마무리 3단계로 정리한다.
  - 도입: 선택한 직업 소개 + 드라마 장면 설명
  - 전개: 현실 직업 모습 + 한국 문화적 의의 설명
  - 마무리: 이 직업을 통해 알 수 있는 K-컬처의 의미 정리

5단계: 발표 자료 준비하기

- 시각 자료: 드라마 캡처 이미지, 사진, 짧은 대화 예시
- 대화 예시: 실제 직업군과 나눌 수 있는 짧은 한국어 대화 포함
  (예: "치킨 배달 왔습니다." → "감사합니다. 치킨 정말 맛있겠어요.")

6단계: 최종 발표(3분 내외)

- 각 팀은 기획 내용을 발표한다.
- 발표 항목:
  ① 직업군 선택 이유
  ② 드라마 속 장면 소개
  ③ 현실 직업의 특징과 한국 문화적 의미
  ④ 이 프로젝트가 왜 K-컬처 홍보가 될 수 있는지

- 팀원들과 수행한 프로젝트의 최종 결과물을 소개해 주세요.

**학습자 이야기 1:**

"저희 팀은 한국 드라마 속에서 자주 등장하는 배달 기사를 선택했습니다. 드라마 속 배달 장면은 단순히 음식을 전달하는 데 그치지 않고, 한국의 '치맥 문화'를 세계에 알리는 중요한 장면으로 사용됩니다. 현실에서도 배달 기사님은 한국의 '빠른 생활 문화'를 가장 잘 보여주는 직업군입니다. 그래서 이 직업을 통해 드라마 속 한 장면이 실제 한국 사회의 생활 문화와 얼마나 밀접하게 연결되어 있는지 알 수 있다고 생각합니다."

▶ **활동 B. 현장 체험: “드라마 속 직업, 지금 만나러 갑니다!”**

- 팀에서 기획한 내용을 실제로 수업 후에 촬영하여 콘텐츠를 제작해 보세요.

**활동 예시**

① 각 팀의 발표를 들은 후, 마음에 들었던 직업군 하나를 선택합니다.

② 다음과 같은 과제 활동의 순서를 설정하고 실제로 콘텐츠를 제작해 보여주세요.

**주말 과제 활동 순서**

주제: “현실 속 직업 인터뷰 프로젝트”

1. **인터뷰 수행 및 촬영**
   - 팀별 기획안을 바탕으로 실제 현장에서 촬영을 진행한다.
   - 예: 시장 상인과 짧은 대화, 카페 바리스타 주문 장면, 치킨 배달 기사 인터뷰 등
2. **영상 편집**
   - 촬영한 영상을 1~2분 정도로 편집한다.
   - 스마트폰 기본 앱이나 무료 편집 툴을 활용한다.
   - 자막(간단한 한국어 표현)이나 배경 음악을 넣어도 좋다.
3. **제목 및 자막 추가**
   - 영상에 제목과 간단한 설명 문구(소개글)를 추가한다.
   - 설명 문구: “드라마에서 본 배달 문화를 실제로 경험하며 인터뷰했습니다.”
4. **영상 발표**
   - 수업 시간에 영상을 공유한다.
   - 각 팀은 제작 과정에서 어려웠던 점, 새롭게 배운 점, 드라마 속 이미지와 실제의 차이를 간단히 발표한다.

**실용 표현 예시:**

**인터뷰 기본 표현**

| 담화 항목 | 표현 예시 |
|---|---|
| 시작, 인사 | “안녕하세요, 잠깐 인터뷰 가능하실까요?”<br>“저희는 외국인 학생인데, 한국 문화를 배우는 과제를 하고 있습니다.”<br>“혹시 몇 가지 질문을 드려도 될까요?” |
| 직업 소개 묻기 | “어떤 일을 하고 계세요?”<br>“이 일을 시작하신 지 얼마나 되셨어요?”<br>“하루 일과는 보통 어떻게 되나요?” |
| 경험과 의미 묻기 | “이 일을 하시면서 가장 기억에 남는 순간은 무엇입니까?”<br>“보람을 느끼는 순간은 언제인가요?”<br>“일하시면서 어려운 점도 있으신가요?” |
| 드라마 / 현실 비교 연결 | “드라마나 영화에 이 직업이 자주 나오는데, 실제와 비슷한가요?”<br>“사람들이 이 직업에 대해 가장 많이 오해하는 점은 무엇인가요?” |
| 마무리 및 감사 | “인터뷰 응해 주셔서 정말 감사합니다.”<br>“오늘 말씀 덕분에 한국 문화를 더 잘 알게 되었습니다.”<br>“혹시 영상을 수업 발표용으로 사용해도 괜찮을까요?” |

| 〈발표 평가표〉_동류 평가 / 자기평가에 활용 | | | |
|---|---|---|---|
| 평가 요소 | 우수 (3점) | 보통 (2점) | 보완 필요 (1점) |
| 아이디어 참신성 | | | |
| 주제, 구성 전달력 | | | |
| 한류와의 연계성 | | | |
| 팀 협력(협동 / 역할 분담) | | | |

**[쓰기 활동]**

**✍ 주제: "체험 삶의 현장- 드라마 속 직업을 현실에서 만나다!" 기사문 작성하기**

- 드라마 속 장면과 실제 직업인의 이야기를 바탕으로, 한국 문화를 소개하는 기사문을 작성해 봅시다.
  - 드라마 속 직업 장면을 간단히 소개한다.
  - 실제 현장에서 인터뷰한 직업인의 대화 내용을 간단히 기록한다.
  - 인터뷰하면서 새롭게 알게 된 점, 인상 깊었던 점을 정리하여 기록한다.
  - 마지막으로 그 직업을 통해 드러나는 한국 생활 문화와 K-Culture의 의미를 정리한 후, 전체를 기사문 형식으로 재구성한다.

※ 글의 전개 구조:

**도입**(드라마 속 장면이나 주제 제시)

→ **사실 제시**(드라마 속 직업이 보여주는 문화적 의미 설명)

→ **현장 사례**(실제 직업인 인터뷰 내용 제시)

→ **비교와 분석**(드라마 속 이미지와 현실 직업의 차이 설명)

→ **결론**(이 직업을 통해 드러나는 한국 생활 문화와 K-Culture의 의미)

예) "이 직업은 한국 사회의 '빠른 한국 문화'를 보여주며, 한류가 단순히 드라마 속 이미지가 아니라 실제 생활과 연결된다는 것을 알 수 있다."

**[문화 비교 및 정리]**

*** 드라마 속 직업과 현실 직업, 우리나라 직업 문화와 K-직업 비교하기!**

**활동 제안:**

- 여러분 나라에서 드라마나 영화에 자주 등장하는 직업을 찾아서, 한국 드라마 속 직업과 비교해 보세요. 공통점과 차이점이 있다면 간단히 정리해 보세요.
- 실제로 여러분 나라에서 중요한 직업군이나 특이한 직업(이색 직업)을 하나 찾아 친구들에게 소개해 주세요. 왜 이런 직업이 생겼는지도 설명해 주세요.
- 우리나라의 직업인을 다룬 영상, 드라마, 혹은 인터뷰 장면을 찾아와서 설명하고, 그 직업이 가진 문화적 의미를 함께 나눠 봅시다.

| 항목 | 한국 직업 문화(드라마 / 영화 + 현실) | 자국의 직업 문화 | 연결 고리 (공통점 / 차이점, 혹은 문화적 특성) |
|---|---|---|---|
| 자주 등장하는 직업 | | | |
| 실제 사회적으로 선호하는 직업 | | | |
| 이색 직업 사례 | | | |
| 인터뷰나 영상 소개 | | | |

→

→

| 글로벌 문화 교류 전망 비교하기 |
|---|
| |

**더 알아보기**

- 한국 드라마 속 직업과 현실의 직업 모습은 어떤 점에서 비슷했고, 어떤 점에서 달랐습니까?
- 실제 직업인을 인터뷰하거나 영상을 보면서 새롭게 알게 된 직업 문화의 의미는 무엇이었습니까?
- 앞으로 K-컬쳐가 여러분 나라의 문화와 연결되어 어떤 새로운 가치를 만들 수 있을 것이라 생각합니까?

# 제14과.

# 크리에이터는 어떻게 콘텐츠를 기획할까?

■ **학습 목표**

- 실제 크리에이터 교육 프로그램의 홍보자료를 읽고 그 특징을 이해할 수 있다.
- 네 가지 교육 프로그램의 공통점과 차이점을 비교하여 정리할 수 있다.
- 조별 활동을 통해 우리만의 크리에이터 교육 과정을 기획해 본다.

■ **핵심 어휘**

| 어 휘 | 의 미 |
|---|---|
| 양성(養成) | 교육이나 훈련을 통해 인재를 기름 |
| 집중 과정 | 짧은 기간에 몰아서 진행하는 교육 과정 |
| 콘셉트(Concept) | 콘텐츠나 채널의 기본 방향이나 주제 |
| 타깃 분석 | 목표 시청자나 독자를 분석하는 것 |
| 스토리보드 | 영상 기획을 위한 그림 시나리오 |
| 편집(編輯) | 촬영된 영상을 자르고 붙여 완성하는 과정 |
| 알고리즘 | 유튜브나 틱톡 등 플랫폼의 추천 시스템 |
| 수익화 | 활동을 통해 수익을 창출하는 것 |
| 윤리 | 사회적 도덕규범 |
| 브랜딩 | 브랜드 이미지를 만드는 활동 |
| 프로젝트 기반 학습 | 실제 과제를 중심으로 배우는 방식의 학습 |

★ **함께 생각해 봅시다**

질문 1. 여러분이 좋아하는 크리에이터는 누구입니까?

질문 2. 새로운 콘텐츠를 만들 때, 먼저 해야 할 일은 무엇일까요?
(예: 주요 타깃 정하기, 아이디어 떠올리기, 시청자 조사, 제목 정하기 등)

질문 3. 만약 여러분이 크리에이터가 된다면, 어떤 주제나 분야를 선택하겠습니까?

질문 4. 좋은 콘텐츠를 만들기 위해서 어떤 연습 과정이 필요하다고 생각합니까?

**예시 답변:** "저는 먹방이나 게임 크리에이터를 자주 보는데, 라이브 방송이라고 하더라도 즉흥적으로 방송하는 게 아니라 어떤 주제와 시청자를 미리 분석하고 계획한다는 걸 알게 되었어요. 이런 점을 보면서 저도 한국 문화를 외국인에게 소개하는 콘텐츠를 만들어 보고 싶다는 생각이 들었어요. 그리고 좋은 콘텐츠를 제작하기 위해서는 개인의 노력도 중요하지만, 체계적인 교육 과정을 통해 더 효과적으로 역량을 키울 수 있다고 생각해요.

**[읽기📖] 크리에이터 양성 프로그램, 시민들의 관심 높아져**

**크리에이터 양성 프로그램, 시민들의 관심 높아져**

최근 1인 미디어의 영향력이 커지면서, 전문적인 교육 과정을 통해 크리에이터를 양성하는 기관이 늘고 있다. 유튜브, 한국콘텐츠진흥원, 미국 UCLA 등 다양한 기관에서 시민들이 직접 참여할 수 있는 프로그램을 운영하고 있다. 이러한 현상은 단순한 개인 취미 활동의 확대를 넘어, 새로운 산업적 수요를 반영하는 흐름으로 볼 수 있다.

유튜브는 전 세계 크리에이터를 위해 「YouTube Creator Academy」를 무료로 제공한다. 이 과정은 8주 동안 진행되며, '채널 콘셉트와 타깃 분석', '콘텐츠 아이디어 발상', '촬영 및 편집의 기초', '알고리즘 이해', '수익화 전략' 등을 단계적으로 배운다. 유튜브 측에 의하면, 누구나 온라인으로 참여할 수 있다는 점이 가장 큰 장점으로 꼽힌다. 실제로 이 프로그램은 짧은 기간 안에 전체 흐름을 익히도록 하여 초보자도 실전 경험을 쌓을 수 있다는 점이 특징이다.

한국콘텐츠진흥원은 「1인 크리에이터 교육 과정」을 통해 방송·영상 제작, 게임, 웹툰, 음악 등 다양한 분야를 다룬다. 12주 커리큘럼에는 '저작권, 윤리 교육', '촬영 및 편집 실습', '장르별 콘텐츠 제작', '마케팅과 브랜딩', '최종 프로젝트 발표'가 포함된다. 정부가 직접 지원하는 프로그램이므로 교육비 부담이 적고, 참가자들은 실제 채널을 운영해 보도록 함으로써 학습 효과를 높인다. 관계자 측은 이 교육과정은 단순한 기술 습득을 넘어 미래 진로 탐색에도 기여하는 교육이라고 홍보한다.

미국 UCLA는 여름 방학 동안 「Creator Academy」라는 집중 과정을 운영한다. 이 6주 과정은 '글로벌 트렌드 이해', '팀별 타깃 분석', '스토리보드 작성', '콘텐츠 제작 및 편집', '브랜드 협업', '최종 캠페인 발표' 등으로 이루어진다. UCLA는 프로젝트 기반 학습을 강조하며, 참가자들이 실제 글로벌 협업을 경험할 수 있도록 한다. 이처럼 국제적 교육 환경에 참여하면, 자연스럽게 다양한 시각과 기획 방식을 배우게 마련이다.

이들 프로그램의 공통점은 영상을 제작하는 기술의 교육뿐 아니라, 기획과 제작, 홍보 및 수익화 과정까지 전 과정을 배우도록 한다는 점이다. 시민들이 이러한 교육에 참여하면, 개인의 취미 활동을 넘어 전문적인 크리에이터로 성장할 기회를 얻을 수 있다. 또한, 콘텐츠 산업에 대한 이해를 넓히고, 새로운 진로를 탐색하는 데도 도움이 될 것으로 기대된다.

## ■ 문법 표현

1. -에 의하면
   - 의미: 어떤 정보나 사실이 특정한 출처 · 자료에 근거함을 나타냄
   - 예문: 뉴스 보도에 의하면, 내년에 새로운 교육 과정이 도입된다고 한다.

2. -게 마련이다
   - 의미: 일반적으로 그렇게 될 수밖에 없음을 나타냄
   - 예문: 열심히 노력하면 결국 좋은 결과가 나오게 마련이다.

3. -도록 하다
   - 의미: 어떤 행동이나 상황이 일어나도록 만들거나 지시함을 나타냄
   - 예문: 교사는 학생들이 발표 연습을 하도록 했다.

4. -(으)므로
   - 의미: 이유나 원인을 나타낼 때 쓰는 문어체 표현
   - 예문: 기차가 곧 출발하므로 서둘러 주시기 바랍니다.

5. -은/는다는 점이다
   - 의미: 앞에서 언급한 사실이나 내용을 요약하거나 강조할 때 쓰는 표현
   - 예문: 이 연구의 가장 큰 의의는 다문화 학생의 실제 언어 사용을 심층 분석했다는 점이다.

**[이해 확인]**

1) 유튜브가 제공하는 「YouTube Creator Academy」 과정의 가장 큰 장점은 무엇입니까?

2) 한국콘텐츠진흥원 과정은 어떻게 학습 효과를 높이고 있습니까?

3) UCLA의 「Creator Academy」에서 강조하는 학습 형태와 경험은 무엇입니까?

4) 각 프로그램의 공통점은 무엇이며, 이러한 교육을 받을 경우에 어떤 점에서 도움이 될 것 같습니까?

### ▶ 활동 A. "크리에이터 양성 과정 비교 · 분석하기"

여러 크리에이터 양성 과정을 찾아서 프로그램을 비교해 보고, 어떤 프로그램을 선택할지 이야기해 봅시다.

**[팀플 활동 순서 전략]**

① 3개 프로그램의 특징(기간, 주요 교육 내용, 장점)을 표로 정리한다.

② 짝 또는 조별로 "어떤 프로그램이 초보자에게 가장 적합한가?", "전문 크리에이터가 되려면 어느 과정을 선택해야 할까?" 등을 토론한다.

발표 항목:

- 선택한 프로그램 소개
- 교육 기간과 커리큘럼 설명
- 해당 프로그램의 장점
- "이 프로그램은 어떤 사람에게 적합하다"라는 결론

③ 조별로 선택한 이유를 간단히 발표한다.

**1단계: 프로그램 선택하기**

- 팀별로 유튜브 · 한국콘텐츠진흥원 · UCLA 프로그램 중 한두 가지를 고른다.
- 예: "저희 팀은 UCLA Creator Academy를 선택했습니다."

**2단계: 프로그램 내용 정리하기**

- 선택한 프로그램의 교육 기간(8주 / 12주 / 6주)을 확인한다.
- 주차별 커리큘럼 중 중요한 활동 2~3개를 정리한다.
- 프로그램 장점을 메모한다.

**3단계: 학습자 적합성 토론하기**

- "이 프로그램은 초보자에게 적합하다 / 전문 크리에이터 지망생에게 더 적합하다" 등 의견을 나눈다.
- 근거를 본문 내용에서 찾는다.

**4단계: 발표 구조 정하기**

- 발표를 **도입-전개-마무리**로 정리한다.
  - ✓ 도입: 선택한 프로그램 소개
  - ✓ 전개: 교육 기간, 커리큘런, 장전 설명
  - ✓ 마무리: 어떤 학습자에게 가장 잘 맞는지 결론

**5단계: 발표 자료 준비하기**

- 시각 자료: 표(세 프로그램 비교표), 홍보 문구 발췌
- 대화 예시:
  - ✓ A: "UCLA 프로그램은 어떤 점이 좋아요?"
  - ✓ B: "실제로 캠페인을 기획하고 발표할 수 있어서 도움이 될 것 같아요."

**6단계: 최종 발표(3분 내외)**

- 각 팀은 기획 내용을 발표한다.
- 발표 항목:
  ① 선택한 프로그램 소개
  ② 교육 기간과 주요 커리큘럼
  ③ 장점 정리
  ④ 이 프로그램이 어떤 학습자에게 가장 적합한지 결론

팀원들과 수행한 프로젝트의 최종 결과물을 소개해 주세요.

**학습자 이야기:**

"저희 팀은 YouTube Creator Academy를 선택했습니다. 이 과정은 8주 동안 채널 콘셉트, 아이디어 발상, 편집 기초, 알고리즘 이해, 수익화 전략까지 단계적으로 배울 수 있습니다. 짧은 기간에 전체 흐름을 배우는 장점이 있기 때문에 초보자에게 가장 적합하다고 생각합니다. 그래서 저희는 유튜브 프로그램이 '입문 크리에이터 과정'으로 가장 유용하다고 생각합니다."

### ▶ 활동 B. 현장 체험: "우리 조의 크리에이터 교육 과정 기획하기"

팀에서 분석한 내용을 바탕으로 우리 조만의 새로운 교육 프로그램을 설계해 보세요.

**활동 예시**

① 각 팀의 발표를 들은 후, 가장 인상 깊었던 '교육 과정 구성 방식'을 하나 선택합니다.
② 다음과 같은 과제 활동의 순서를 설정하고 실제로 콘텐츠를 제작해 보여주세요.

**주말 과제 활동 순서**

주제: "우리 팀이 만든 크리에이터 아카데미(Creator Academy) 홍보 프로젝트"

**① 팀별 기획안 바탕으로 홍보 영상 / 포스터 제작**

- 수업 시간에 만든 "OO Creator Academy" 기획안을 바탕으로, 실제 시민을 대상으로 한다는 가정하에 홍보 콘텐츠를 만든다.
- 영상: 1~2분, 포스터: A4 크기 1장 정도.
- 내용에 반드시 포함할 항목: 과정명, 교육 기간, 주차별 커리큘럼 요약, 장점, 홍보 문구.

**② 촬영 및 제작**

- 영상은 스마트폰이나 무료 편집 툴로 제작한다.
- 포스터는 파워포인트, 캔바(Canva) 등 무료 툴을 활용한다.
- 자막(간단한 한국어 문구)이나 배경 음악을 넣어도 좋다.

**③ 홍보 문구 작성하기**

- 예시:
  - 제목: "8주 만에 크리에이터 되기 – YouTube Creator Academy"
  - 홍보 문구: "세계에서 가장 큰 무대, 유튜브에서 여러분의 아이디어를 펼쳐 보세요!"

④ **수업 시간 발표**

- 각 팀은 제작한 영상 / 포스터를 공유한다.
- 발표 시 포함할 항목
  ① 기획한 과정 소개
  ② 영상 / 포스터 제작 과정에서 어려웠던 점
  ③ 실제 교육 기관 홍보 자료와 비교했을 때의 차이
  ④ 이번 활동을 통해 배운 점

**실용 표현 예시:**

| 담화 항목 | 표현 예시 |
|---|---|
| 시작, 관심 유도 | "안녕하세요, OO 크리에이터 아카데미에 오신 것을 환영합니다." / "여러분의 아이디어가 콘텐츠가 됩니다." |
| 교육 소개 | "이 과정은 총 6주 동안 진행되며, 매주 실습과 피드백에 포함됩니다." / "콘텐츠 기획부터 제작, 수익화까지 단계적으로 배울 수 있습니다." |
| 장점 강조 | "우리 학교 학생이 수강하면 정부기 지원하므로 누구니 무료로 참여할 수 있습니다." / "실제 글로벌 크리에이터들의 사례를 통해 배우게 됩니다." |
| 참여 유도 | "지금 신청하세요"/ "여러분의 첫 콘텐츠 제작을 도와드립니다." |
| 마무리 | "여러분의 도전을 응원합니다." / "OO 크리에이터 아카데미에서 함께 시작해 보세요." |

| 〈발표 평가표〉_동료 평가 / 자기평가에 활용 | | | |
|---|---|---|---|
| 평가 요소 | 우수 (3점) | 보통 (2점) | 보완 필요 (1점) |
| 아이디어 참신성 | | | |
| 주제, 구성 전달력 | | | |
| 한류와의 연계성 | | | |
| 팀 협력(협동 / 역할 분담) | | | |

**[쓰기 활동]**

**주제: '대학생에게 필요한 크리에이터 양성 과정' 홍보문 쓰기**

아래 순서를 따라, 읽기 자료와 활동 A · B에서 배운 내용을 활용해 간단한 홍보 자료(브로셔)를 만들고, 기사문을 작성해 봅시다.

- 대학생을 위한 맞춤 크리에이터 양성 교육 과정 브로셔를 만든다.
- 브로셔에 과정명, 기간, 주요 활동, 장점, 홍보 문구를 포함한다.
- 브로셔를 바탕으로, 교육 과정의 필요성과 의미를 간단히 설명하여 간단한 기사문을 작성한다.

※ 글의 전개 구조:

**제목:**

→ 가상의 크리에이터 교육 과정 소개

→ 교육 과정 기간, 주요 활동, 커리큘럼 설명

→ 과정의 장점과 홍보 문구 제시

→ 이 교육 과정이 대학생과 K-Culture 확산에 주는 의미 정리

**[문화 비교 및 정리]**

*** 한국과 다른(우리) 나라의 TOP 유튜버의 콘텐츠 기획 비교하기!**

**활동 제안:**

- 한국과 여러분 나라(미국, 일본 등)의 상위권 유튜버를 조사해 보세요. 대표적인 콘텐츠 주제(먹방, 게임, 교육, 브이로그 등)를 정리하고, 어떤 점이 비슷하거나 다른지 비교해 봅시다.
- 각 유튜버가 콘텐츠를 기획하는 방식(개인 중심 / 팀 중심, 시리즈 구성 / 단편 위주 등)을 간단히 정리해 보세요.
- 제작과 방송 방식(편집 수준, 라이브 여부, 시청자 참여 방식 등)을 비교하면서, 왜 이런 차이가 생기는지 여러분 나라의 문화와 시청자 취향과 연결해 생각해 봅시다.
- 마지막으로 '이 차이가 K-Culture와 세계 콘텐츠 시장에서 어떤 의미를 가질까?'를 함께 토론해 봅시다.

| 구분 | 한국 유튜버 | 외국 유튜버 | 공통점 / 차이점 |
|---|---|---|---|
| 대표 콘텐츠 주제 | | | |
| 기획 방식 | | | |
| 제작 · 방송 방식 | | | |
| 시청자 참여 | | | |
| 문화적 반영 | | | |

⇒

| 두 나라의 크리에이터가 협력하면 어떤 새로운 콘텐츠가 나올까? |
|---|
| |

**더 알아보기**

- 여러분이 찾아낸 크리에이터 교육 프로그램의 공통점과 차이점은 무엇이었습니까?
- 조별로 기획한 "우리만의 크리에이터 교육 과정"은 어떤 특징과 장점을 가졌습니까?
- 앞으로 한국의 크리에이터 교육과 세계 각국의 콘텐츠 문화가 만나면, 한류(K-Culture) 확산과 어떤 새로운 교류와 가치를 만들어 갈 수 있을까요?

# 제 15 과.

## 우리 팀은 어떤 K-Culture 프로젝트를 만들어볼까?

## ■ 학습 목표

- 지금까지 배운 K-Culture 내용을 바탕으로 팀별로 프로젝트를 기획할 수 있다.
- 한국 문화와 자국 문화의 특징을 비교하고, 양 문화의 특징을 세계적 관점에서 통합할 수 있다.
- 팀원과 협업하여 자료를 수집 및 분석, 발표하는 과정을 통해 사회적 상호작용 능력을 함양할 수 있다.

## ■ 핵심 어휘

| 어 휘 | 의 미 |
|---|---|
| 창의적 | 독창적이고 새로운 것을 만들어내는 성질 |
| 지속적으로 | 끊이지 않고 계속 이어지거나 유지되는 방식으로 |
| 향유하다 | 어떤 대상을 즐기며 누리다 |
| 연계하다 | 둘 이상의 일이나 단체를 서로 관련지어 잇다 |
| 사회적 배경 | 한 사건이나 인물에 영향을 주는 사회의 상황이나 환경 |
| 시대적 흐름 | 특정 시대가 지니는 큰 변화의 방향이나 경향 |
| 공감대 | 함께 공감하고 이해하는 분위기 |
| 심화시키다 | 더 깊고 본질적인 단계로 나아가다 |
| 재구성하다 | 이미 있는 것을 새롭게 짜다 |
| 확장하다 | 범위나 규모 등을 넓히다 |

★ **함께 생각해 봅시다**

질문 1. 여러분이 수업에서 인상 깊게 배운 K-Culture 콘텐츠는 무엇인가요?

질문 2. 어떤 주제를 다른 나라(또는 여러분 나라) 사람들에게 소개하면 좋을 것 같나요?

질문 3. 세계 여러 나라 사람들이 K-콘텐츠를 통해 얻거나 즐기고 싶어 하는 것은 무엇일까요?

질문 4. 세계 여러 나라 사람들이 한국어를 배우고 싶어 한다면 그 이유는 무엇일까요?

**예시 답변:** "수업에서 가장 인상 깊게 배운 K-Culture 콘텐츠는 K-드라마, K-푸드, K-팝 공연 등이에요. 이를 통해 한국인의 가족 문화 · 식습관 · 젊은 세대의 열정을 자연스럽게 이해할 수 있어요. 다른 나라 사람들에게 소개하고 싶은 주제로는 설날과 추석 같은 전통 명절, 과학적으로 만들어진 한글, 독창적인 한국 카페 문화를 꼽을 수 있어요. 세계 여러 나라 사람들은 K-콘텐츠를 통해 패션 · 메이크업 · 라이프스타일을 배우고, 사랑과 우정 · 가족애 등 감정을 공감하며, 한국의 최신 트렌드를 일상에 적용하고 싶어요. 또한 K-팝과 드라마를 자막 없이 즐기거나, 한국에서 유학 · 취업을 준비하고, 한국인과 직접 소통하며 친구를 사귀고, 한국의 전통과 현대 문화를 깊이 이해하기 위해 한국어를 배우고 싶어요."

**[읽기📖] K-Culture, 전시와 체험으로 세계를 만나다**

요즘 세계 여러 나라의 한국어 학습자와 청년 단체들은 자신만의 창의적 방식으로 K-Culture, 즉 한국 문화를 소개하고 있다. 단순히 문화를 소비하거나 전달하는 데 그치는 것이 아니라, 자신들이 속한 지역의 문화적 맥락을 반영하거나 새롭게 해석하기도 하면서 한국 문화를 지속적으로 향유하는 것이다. 아마도 그 열기가 식지 않는 한 확산은 계속될 수밖에 없을 것이다.

예를 들어, 베트남에서는 대학생들이 한식을 기반으로 한 음식 체험 부스와 K-게임을 결합한 행사를 기획하였다. 한국 음식과 지역 전통 음식의 차이를 비교하거나 게임을 통해 한국어 표현을 자연스럽게 익히는 프로그램을 운영하며, 일반 시민들도 참여할 수 있도록 지역 문화 축제와 연계한 점이 특징적이다.

말레이시아에서는 한국 드라마 속 패션을 주제로 한 전시회가 열렸다. 단순히 의상을 전시하는 것을 넘어 드라마 속 인물의 사회적 배경과 시대적 흐름까지 함께 소개하여 한국 문화에 대한 이해를 높였다. 뿐만 아니라 이 전시회에서는 말레이시아 전통의상은 물론 다양한 아시아 지역의 의상을 함께 소개함으로써, 문화 간 공감대를 확장하였다. 이러한 시도는 한류가 일방적인 소비 대상이 아닌, 다양한 문화와 함께 어울려 새롭게 글로벌 문화로 확장될 수 있음을 보여주었다는 점에서 높은 평가를 받았다.

이처럼 각국의 청년들은 자국의 문화 요소를 접목해 한국 문화를 새롭게 재해석하고 있다. 이러한 활동은 일방적인 문화 소비가 아닌 쌍방향적 창조의 과정으로 이어지고 있다. 어떤 지역은 온라인 활동에 집중하는 반면, 또 다른 지역은 대규모 오프라인 축제를 열어 차이를 드러낸다. 이러한 활동은 외국에서 현지인들이 주체가 되어 언어, 예술, 미디어 등 다양한 분야에서 한국 문화를 재구성하고 표현하는 창의적 장이 되고 있으며, 한국과 세계의 문화 교류를 더욱 심화시키는 의미 있는 실천으로 자리 잡고 있다.

## ■ 문법 표현

1. -는 것이 아니라
   - 의미: 앞 절의 내용을 부정하고 뒤 절의 내용을 긍정 · 대조하여 강조함
   - 예문: 단순히 문화를 소비하거나 전달하는 것이 아니라 지역의 문화적 맥락을 반영하였다.

2. -(으)면서
   - 의미: 두 가지 행동이 동시에 일어남을 나타내거나, 앞뒤를 대조적으로 연결함
   - 예문: 한국 문화를 즐기면서 새로운 해석을 시도했다.

3. -ㅁ으로써
   - 의미: 어떤 행위를 수단이나 방법으로 삼아 결과를 얻음을 나타냄
   - 예문: 다양한 의상을 함께 소개함으로써 문화 간 공감대를 넓혔다.

4. -다는 점에서
   - 의미: 어떤 사실이나 이유가 평가 · 판단의 근거가 됨을 강조함
   - 예문: 한류가 일방적 소비가 아님을 보여주었다는 점에서 의미가 크다.

5. -는 한
   - 의미: 어떤 조건이 계속 유지되는 동안 뒤 절의 상황도 계속됨을 나타냄
   - 예문: 열기가 식지 않는 한 확산은 계속될 것이다.

6. -고 있다
   - 의미: 동작이나 상태가 현재 진행 중이거나 계속됨을 나타냄
   - 예문: 문화 교류를 심화시키는 실천으로 자리 잡고 있다.

7. -을 수 있다.
   - 의미: 어떤 일의 가능성이나 능력을 나타냄
   - 예문: 다양한 문화와 어울려 글로벌 문화로 확장될 수 있을 수 있다.

**[이해 확인]**

1) 베트남에서 진행된 K-Culture 행사에서는 한국 음식과 어떤 활동을 결합했으며, 이를 통해 어떤 효과를 얻고자 했나요?
2) 말레이시아의 한국 드라마 패션 전시회에서 마련된 '비교 코너'는 어떤 두 가지 전통 의상을 비교했고, 그 목적은 무엇이었나요?
3) 본문에서 언급된 '쌍방향적 창조의 과정'은 어떤 활동의 특징을 설명한 것인가요?
4) 최근 활발하게 진행되고 있는 디지털 및 오프라인 K-Culture 활동의 구체적인 예 두 가지를 이야기해 봅시다.

### ▶ 활동 A. 우리 팀 프로젝트 소개

팀원들과 함께 주제를 정하고, 아래의 순서에 따라 발표를 준비해 보세요.

[발표 구조 제안]
① 프로젝트 제목
② 주제 선정 이유
③ 대상자(타깃) 설명
④ 주요 내용 구성(예: 콘텐츠, 장소, 활동 등)
⑤ 예상 효과 및 느낀 점

팀원들과 수행한 프로젝트의 최종 결과물을 소개해 주세요.

**학습자 이야기:**

"저희 팀은 "K-Culture 오감 체험 부스"라는 주제로 행사를 개최하기로 했습니다. 이 주제를 선택한 이유는, 유학생들이 즐기는 K-컬처를 지역사회와 공유할 수 있는 가장 효과적인 방식이라고 생각하기 때문입니다. 이 행사는 보시다시피 오는 10월 14일 오후 4시에 대학 정문 앞 광장에서 실시하려고 합니다. 이 행사는 한국 문화를 지역사회에 알리는 체험형 행사로, 외국인 유학생의 기각에서 한국 문화의 특징을 재구성했다는 점에서 여러분에게 깊은 인상을 줄 것으로 생각됩니다. 지금 화면에 보이는 내용은 행사를 안내하는 홍보 안내용 책자입니다. 여기에 보시면, 행사에 어떤 내용이 포함되어 있는지 확인해 보실 수 있습니다."

📕 행사 안내 – “K-Culture 오감 체험 부스”

- 주최: 한국어학과
- 일시: 2025년 10월 14일(화) 오전 10시 ~ 오후 4시
- 장소: 우리 대학 정문 앞
- 주제: 한국 문화를 지역사회에 알리는 체험형 행사

◆ 프로그램 구성

- 직접 만들어보는 김밥 체험
- 떡, 전통차 등 한식 시식 코너
- 제기차기 · 딱지치기 + K-게임 융합존
- 한국 드라마 패션 체험존
- 포토존 & SNS 인증 이벤트

🎁 SNS 인증 참여자에 한해 선착순 기념품 증정

* 이 행사는 한국 문화를 단순히 소개하는 것을 넘어, 참여자들이 직접 느끼고 공유하는 공감형 프로젝트입니다.
* 누구나 참여 가능하니 많은 관심과 참여 바랍니다.

**실용 표현 예시:**

| 표현 | 의미 | 사용 예시 |
|---|---|---|
| “우리 팀이 정한 주제는 ~” | 발표 시작 표현 | “우리가 정한 주제는 K-푸드 세계 여행입니다.” |
| “이 프로젝트는 –을/를 대상으로 합니다.” | 대상자 설명 | “이 프로젝트는 외국인 주민을 대상으로 합니다.” |
| “주제에 맞게 –을/를 구성했습니다.” | 구성 설명 | “주제에 맞게 포스터와 영상도 구성했습니다.” |
| “보시다시피 이 –은/는 ~” | 자료 화면 설명 | “보시다시피 이 사진 속에서는 행사 일정을 확인해 볼 수 있습니다.” |
| “발표를 준비하면서 –을/를 느꼈습니다.” | 성찰 표현 | “발표를 준비하면서 협업의 중요성을 느꼈습니다.” |

**▶ 활동 B. 3분 발표**

준비주제: “다른 팀의 프로젝트 평가하기”

- 다른 팀의 발표를 들은 후, 아래 기준에 따라 피드백을 작성하거나 간단한 평가를 해 보세요.

**💡 활동 예시**

① 각 팀의 발표를 들은 후, 마음에 들었던 프로젝트 하나를 선택합니다.

② 다음 항목에 따라 평가하거나, 응원의 메시지를 씁니다.

[피드백 카드 예시]

- 가장 인상 깊었던 점은 무엇인가요?
- 우리 팀 프로젝트에 참고하고 싶은 아이디어는 무엇인가요?
- 이 프로젝트가 실제로 진행된다면, 어떤 점을 더 보완하면 좋을까요?
- 칭찬 한마디 or 응원의 한마디!

| 〈프로젝트 발표 평가표〉_ 자기평가 / 동료 평가용 | | | |
|---|---|---|---|
| 평가 요소 | 우수 (3점) | 보통 (2점) | 보완 필요 (1점) |
| 내용 구성 | | | |
| 창의성 | | | |
| 언어 사용력 | | | |
| 시청각 자료 활용 | | | |
| 협동 / 역할 분담 | | | |

**[쓰기 활동]**

**주제: 우리 팀의 K-Culture 프로젝트 기획서 쓰기**

- 우리 팀의 프로젝트 주제는?
- 어떤 사람들을 대상으로 프로젝트를 주최하고 홍보할 것인가?
- 어떤 목적으로 이 프로젝트를 수행할 것인가?
- 어떤 세부 내용을 프로젝트에 포함할 것인가?
- 프로젝트 결과에 대해 어떻게 예측하고 있는가?

※ 글쓰기 틀

- 팀 주제와 구성원 소개
- 프로젝트 개요 및 구성 요소
- 타깃 대상 및 홍보 전략
- 프로젝트를 통해 기대하는 효과
- 활동을 통해 느낀 점

※ 형식: 제목 - 소개 - 구성 - 기대 효과 - 느낀 점

**[문화 비교 및 정리]**

*** 세계 여러 문화와 연결해 본 K-Culture 이야기**

**활동 제안:**

- 여러분 나라의 영화나 드라마, 음악, SNS 매체 등을 통해, 확인할 수 있는 문화 콘텐츠와 여러분이 기획한 K-Culture 콘텐츠를 비교해 봅시다.
- 다음 항목을 바탕으로 조별 비교 정리표를 완성해 보세요.

| 항목 | 내가 기획한 K-Culture 콘텐츠 | 우리나라(나의 문화권)와의 비교 |
|---|---|---|
| 주제 | *예) K-Beauty 체험 부스* | *예) 전통 혼례 화장 시연 행사* |
| 공간 | *예) 한국의 뷰티 플래그십 스토어* | *예) 전통시장 내 체험 공간* |
| 대상자<br>(타깃) | *예) 10~20대 SNS사용자* | *예) 20~30대 SNS 인플루언서 중심* |
| 주요 활동 | *예) 립틴트 만들기, 한류 메이크업 체험* | |
| 문화적<br>의미 | *예) 외모 관리뿐 아니라 '자기표현'으로서의 K-뷰티* | |

**[프로젝트 활동]**

**활동명: 우리 반 K-Culture 박람회**

- 각 팀의 프로젝트를 전시하거나 발표하고, 서로의 기획에 대해 질문과 피드백을 나눠 보세요.
- 프로젝트 발표 팀 중 가장 인상 깊었던 팀의 주제는 무엇입니까?
- 인상 깊었던 내용은 무엇인가요?
- 다른 팀의 프로젝트 발표에서 배울 점이나 참고하고 싶은 점은 무엇인가요?
- 이 프로젝트가 실제로 진행된다면, 어떤 점을 더 보완하면 좋을까요?

**더 알아보기**

- 한류와 K-콘텐츠는 10년 후에 어떤 모습으로 변화되어 있을까요?
- 이번 학기 수업을 통해 여러분은 글로벌 시민으로서 어떤 변화가 있었다고 생각합니까?

# 한국을 플레이하다

Introduction to K-CULTURE

2026년 3월  5일 초판 1쇄 인쇄
2026년 3월 10일 초판 1쇄 발행

저　　자 | 김윤희, 이주미, 전형길 • 共著

발 행 처 | 도서출판 에듀컨텐츠휴피아
발 행 인 | 李 相 烈
등록번호 | 제2017-000042호 (2002년 1월 9일 신고등록)
주　　소 | 서울 광진구 자양로 28길 98, 동양빌딩
전　　화 | (02) 443-6366
팩　　스 | (02) 443-6376
e-mail | iknowledge@naver.com
web | http://cafe.naver.com/eduhuepia
만든사람들 | 기획 • 김수아 / 책임편집 • 이진훈 한지수 정민경
디자인 • 유충현 / 영업 • 이순우

ISBN 978-89-6356-540-8 (13710)
정　　가 15,000원